HEYNE <

Der Autor
Hans Herbert von Arnim, Rechts- und Wirtschaftswissenschaftler, früherer Rektor der Universität für Verwaltungswissenschaften Speyer und Verfassungsrichter in Brandenburg, hat als einer der Ersten Machtmissbrauch, Inkompetenz und Opportunismus in den politischen Parteien angeprangert. Der Autor zahlreicher Bestseller, u.a. »Staat ohne Diener«, »Fetter Bauch regiert nicht gern«, »Die Deutschlandakte«, »Die Selbstbediener« und »Die Hebel der Macht und wer sie bedient«, gehört zu den versiertesten Kennern unserer Wahlsysteme und Parteienstrukturen.

HANS HERBERT
VON ARNIM

DER **GRIFF** IN DIE KASSE

Wie das Abgeordnetenhaus von Berlin
seine Bezüge maßlos erhöht –
und wie die Selbstbereicherung
noch gestoppt werden kann

Ein Stück aus dem Tollhaus

WILHELM HEYNE VERLAG
MÜNCHEN

FSC
www.fsc.org
MIX
Papier aus verantwortungsvollen Quellen
FSC® C014496

Verlagsgruppe Random House FSC® N001967

Originalausgabe 04/2020

Umschlaggestaltung: Hauptmann & Kompanie, Zürich
Satz: Satzwerk Huber, Germering
Druck und Bindung: GGP Media GmbH, Pößneck
Printed in Germany
ISBN: 978-3-453-60568-8

www.heyne.de

Inhalt

Vorbemerkung:[1] Ein kaum beachteter Coup

Am 26. September 2019 beschloss das Abgeordnetenhaus von Berlin auf Initiative von fünf Fraktionen (SPD, Grüne, Linke, CDU und FDP), die Diäten seiner Mitglieder auf einen Schlag gewaltig zu erhöhen.[2] Mit Wirkung ab 1. Januar 2020 stockten die Abgeordneten ihre Entschädigung um 58 Prozent auf: von 3 944 Euro auf 6 250 Euro.[3] Damit steigerten sie automatisch auch ihre Versorgung (Übergangsgeld, Alters-, Invaliditäts- und Hinterbliebenenversorgung) um denselben Prozentsatz,[4] und dies geschah auch noch mit Rückwirkung.[5] Zugleich lehnte das Abgeordnetenhaus eine Verkleinerung des durch Überhang- und Ausgleichsmandate auf 160 Mitglieder angeschwollenen Abgeordnetenhauses ab.[6]

Die Berliner Medien haben die Anhebung zwar kritisiert, ohne aber – angesichts der Kürze der Zeit, der Kompliziertheit der Materie, der Fülle an nationalen und internationalen Problemen und der gezielten Undurchschaubarkeit des Gesetzes – die besonders problematischen Punkte der ungeheuren Selbstbedienung in allen Details zu durchschauen und thematisieren zu können. Unbeachtet blieben bisher:

- die mehrfache bewusste Täuschung der Öffentlichkeit,
- die vorsätzliche Verletzung von Geschäftsordnung und Verfassung,
- die unzutreffende oder ganz fehlende Begründung,
- die weittragenden Auswirkungen der Neuregelung
- und ihr Wirksamwerden nicht nur mitten in der Wahlperiode, sondern sogar bis zu zwanzig Jahre zurück.

Die ganze Tragweite dieser maßlosen Selbstversorgung aus der Staatskasse aufzudecken und ans Licht der Öffentlichkeit zu bringen ist Gegenstand und Ziel dieses schmalen Buches. Es hiermit bewenden zu lassen wäre jedoch zu kurz gegriffen. Deshalb geht es auch darum, mögliche Gegenmaßnahmen aufzuzeigen, mit denen das Abgeordnetenhaus den erforderlichen Kontrollen unterworfen werden kann.

1. Das Landesparlament ist viel zu groß

Parlamentarier, demonstriert Handlungsfähigkeit!

Das Abgeordnetenhaus von Berlin liefert ein schockierendes Beispiel für die Selbstherrlichkeit einer Volksvertretung. Überhang- und Ausgleichsmandate lassen das Parlament aus allen Nähten platzen. Das steigert die Kosten und hat entdemokratisierende Effekte, aber es erhöht eben auch die Wiederwahlchancen der Mandatsinhaber. Das dürfte ihre Bereitschaft, das Wahlrecht zu reformieren und die überzähligen Mandate zu beseitigen, stark gedämpft haben. Stattdessen stockte das Abgeordnetenhaus seine Diäten und Versorgungen gewaltig auf und nannte das »Parlamentsreform«. Dabei agierte das Parlament in eigener Sache. So macht die politische Klasse sich aus Eigeninteresse gleich in doppelter Hinsicht breit – zulasten des Vertrauens der Bürger in die Gemeinwohlorientierung der Politik.

Die Mindestgröße des Abgeordnetenhauses beträgt laut Berliner Verfassung 130 Mitglieder.[7] Tatsächlich ist das

Abgeordnetenhaus aufgrund von Überhang- und Ausgleichsmandaten derzeit aber auf 160 Abgeordnete angewachsen.

Bundestagspräsident Wolfgang Schäuble hat wiederholt an den ebenfalls übergroßen Bundestag appelliert und mahnte ihn unter anderem im Herbst 2019, endlich politische Handlungsfähigkeit zu zeigen: »Wir kennen doch alle die Klage, dass wir keine Entscheidung mehr zustande bringen. Und jeder von uns spürt, dass es unerträglich ist, wenn vor der Wahl offenbleibt, wie groß der nächste Bundestag sein wird. [...] Deswegen müssen wir es jetzt endlich angehen. Um zu zeigen, dass wir es in diesem System zustande bringen. Sonst wächst am Ende die Überzeugung bei immer mehr Bürgern, dass das System nichts taugt.«[8]

Das gilt gleichermaßen auch für das Berliner Abgeordnetenhaus. Da der Glaube an die Leistungsfähigkeit unseres demokratischen Systems in letzter Zeit bei vielen Betrachtern unübersehbar schwindet,[9] sollten gerade die höchsten gewählten Instanzen unserer Demokratie nicht noch Öl ins Feuer gießen.

Wie viele Bürger vertritt ein Abgeordneter?

Um zu belegen, dass, bezogen auf die repräsentierte Bevölkerung, keine Notwendigkeit bestehe, das Abgeordnetenhaus auf 130 Mitglieder zu verkleinern, haben die Parlamentarischen Geschäftsführer der fünf Fraktionen, die gemeinsam den Antrag zur Änderung des Abgeordnetengesetzes eingebracht haben, einen Vergleich mit anderen Bundesländern angestellt. Das Ziel: prüfen, wie viele Menschen der oder die einzelne Abgeordnete[10] dort jeweils zu vertreten hat. Sie wollten damit belegen, dass die 160 Mitglieder des Abgeordnetenhauses ganz normal seien. Dabei macht es aber gar keinen Sinn, sämtliche Landesparlamente zum Vergleich heranzuziehen, wie das die Geschäftsführer getan haben.

So führte der Parlamentarische Geschäftsführer der SPD-Fraktion, Torsten Schneider, aus: »29 000 Einwohner werden von einem Berliner Parlamentarier vertreten. Das ist Platz acht, und damit genau die Mitte der Landesparlamente. Deshalb gibt es gar keine Veranlassung, sein Licht unter den Scheffel zu stellen.«[11]

Und Daniel Wesener, der Parlamentarische Geschäftsführer der Fraktion von Bündnis 90/Die Grünen, ergänzte: »Hinsichtlich der Relation von Abgeordnetenzahl und der Zahl der Einwohnerinnen und Einwohner, die sie repräsentieren sollen, hat Berlin das siebt- bzw. achtgrößte von 16 Länderparlamenten, liegt also auch hier im Bundesländerdurchschnitt.«[12]

Doch diese Behauptungen sind bereits in sich unrichtig und beruhen auf einem groben Schnitzer. Denn nicht 29 000 Einwohner werden von jedem der 160 Berliner Abgeordneten vertreten, sondern 22 780. Damit nimmt Berlin nicht Platz acht ein, wie die Geschäftsführer behaupten, sondern Platz zwölf (siehe Tabelle 1 im Anhang). Auf knapp 29 000 käme man nur, wenn man von 130 Abgeordneten ausginge. Dies tun die Geschäftsführer aber gerade

Wofür brauchen wier denn überhaubt Abgeord-
-nete? Sie behaubten zu tun nur ein sattes
Leben durchzuführen. Wier benötigen Fach-

nicht. Sie müssten deshalb beweisen, dass Berlin bei 160 Abgeordneten in der »Mitte der Landesparlamente« liegt, was eben definitiv nicht der Fall ist.

Im Übrigen ist es von vornherein unzulässig, die besonders kleinen Länder in den Vergleich mit einzubeziehen. Die Geschäftsführer tun das aber und ignorieren, dass die Parlamente selbstverständlich *nicht* proportional zu ihrer Bevölkerung abnehmen, weshalb in kleinen Ländern naturgemäß relativ wenige Einwohner auf einen Abgeordneten kommen. Lässt man die vier Bundesländer mit weniger als 2 Millionen Einwohnern außen vor, hat Berlin die kleinste Zahl von Einwohnern pro Abgeordneten. In Betracht kommen deshalb für einen Vergleich mit Berlin nur Länder mit ähnlich großer Bevölkerung.

Berlin hat bei 3,64 Millionen Einwohnern (Stand: 31.12.2018) 160 Abgeordnete, die nach der Diätenerhöhung (siehe dazu Kapitel 2) ähnlich vollalimentiert werden wie ihre Kollegen in den Vergleichsländern. Auf jeden Abgeordneten entfallen, wie schon erwähnt, 22 780 Einwohner (siehe Tabelle 1). Bei einer Verkleinerung des Abgeordnetenhauses auf 130 Mitglieder kämen auf jeden Abgeordneten 28 037 Einwohner.

Sachsen kommt bei 4,08 Millionen Einwohnern und 119 Abgeordneten auf 34 268 Einwohner pro Abgeordneten.

Rheinland-Pfalz hat 4,08 Millionen Einwohner und 101 Abgeordnete, also 40 444 Einwohner pro Abgeordneten (siehe Tabelle 1).

In diesen beiden Ländern, die sich deshalb gut mit Berlin vergleichen lassen, weil sie eine ähnlich große Einwohnerzahl haben, kommen auf jeden Parlamentarier also deutlich mehr Einwohner als in Berlin. Das gilt selbst noch im Falle einer Verkleinerung des Abgeordnetenhauses auf 130 Mitglieder. An der Übergröße des Berliner Abgeordnetenhauses festzuhalten ist also nicht gerechtfertigt. Das bestätigen auch folgende Feststellungen:

- Berlin hat das drittgrößte Landesparlament, obwohl es, bezogen auf die Einwohnerzahl, nur das achtgrößte Bundesland ist.
- Selbst die viel größeren Bundesländer Baden-Württemberg (11,1 Millionen Einwohner) und Niedersachsen (8 Millionen) haben weniger Abgeordnete als Berlin.

Sie verdienen daran Geld um hierdurch no. mehr zu bekommen, totales Tollhaus, sträflich.

Dass ihr Vergleich hinkt und sie Äpfel mit Birnen gleichsetzen, muss natürlich auch den Parlamentarischen Geschäftsführern der fünf Fraktionen klar gewesen sein, die das Projekt betrieben. Mehrfach betonten sie in den Plenardebatten, sie hätten die Regelungen in allen anderen Ländern sorgfältig angesehen.[13] Dass sie dennoch auch die nicht vergleichbaren kleinen Länder zum Maßstab heranzogen und auch noch unwahr behaupteten, Berlin nehme hinsichtlich der Relation Bevölkerungszahl / Abgeordnete die Mitte unter den Landesparlamenten ein, kann vor diesem Hintergrund nur als bewusste Täuschung gewertet werden (siehe auch Kapitel 2, S. 25 ff.).

Sind mehr Abgeordnete gleichbedeutend mit mehr Demokratie?

Die fatale Zweckgemeinschaft der fünf Fraktionen, die das im September beschlossene Abgeordnetengesetz in eigener Sache initiiert und durchgesetzt hat, begründet das Festhalten an der derzeitigen Größe des Abgeordnetenhauses auch damit, eine Verkleinerung würde eine »Verzwergung des Parlamentes«[14] bewirken, wäre der Kontrolle der Regierung und der Gewaltenteilung abträglich und würde »zu einer Schwächung des Parlamentarismus in diesem Land führen«.[15]

Je mehr Abgeordnete also, desto besser die Regierungskontrolle und desto stärker der Parlamentarismus? Erwarten die Betreiber des Projekts wirklich, dass die Öffentlichkeit diese These ernst nimmt? Wäre es ihnen wirklich um die Verbesserung der Kontrolle gegangen, hätten sie endlich den Missstand beseitigt, dass der Regierende Bürgermeister und andere Mitglieder des Senats gleichzeitig dem Abgeordnetenhaus angehören können, was dem Grundsatz der Gewaltenteilung geradezu ins Gesicht schlägt (siehe Kapitel 4, S. 43 f.). In Wahrheit ist das Gegenteil richtig: Ein zu großes Parlament schwächt dessen Funktionsfähigkeit und verursacht unnötige Kosten. So sehen es, bezogen auf den Bund, übrigens auch über 100 Staatsrechtslehrerinnen und Staatsrechtslehrer, die im September 2019 in einem offenen Brief an den Bundestag appellierten, noch in dieser Wahlperiode eine Verkleinerung des Bundestages einzuleiten.

Nicht zuletzt geht auch die Verfassung von Berlin davon aus, dass 130 Abgeordnete ausreichen. Wer die derzeitige Übergröße des Abgeordnetenhauses verteidigt, übersieht, dass sich hier – unabhängig von der Höhe der Kosten – die Frage der Handlungsfähigkeit der Demokratie und damit die Systemfrage überhaupt stellt, wie auch Bundestagspräsident Wolfgang Schäuble im oben angeführten Zitat betont hat. In Wahrheit geht es um die Kontrolle des Abgeordnetenhauses selbst, das über seine Größe und die Bezüge seiner Mitglieder in eigener Sache entscheidet und deshalb besonders dringend der Kontrolle bedarf.[16] Diese hatten die das Gesetz betreibenden Fraktionen aber gezielt geschwächt, indem sie im einschlägigen Gesetzentwurf die Begründung wegließen[17] und das Gesetz mitten in der Wahlperiode und damit an den Wählern vorbei in Kraft setzten.[18] Auch die Einschaltung unabhängiger Sachverständiger als Kontrollinstanz, die 1994 von der Berliner Enquete-Kommission »Verfassungs- und Parlamentsreform« verlangt worden[19] und früher auch gesetzlich vorgesehen gewesen war, besteht nicht mehr.[20]

Das Abgeordnetenhaus als höchstes Organ der repräsentativen Demokratie im Lande Berlin soll eigentlich Fehlgriffe anderer Gewalten verhindern, steht nun aber selbst in der Kritik. Damit stellt sich in Berlin die uralte Grundfrage der Verfassung, die Philosophen seit Platon und Sokrates beschäftigt hat: Wer kontrolliert die Kontrolleure?

Illegitime Abgeordnete?

Das Berliner Wahlrecht, das derart kompliziert ist, dass kaum noch einer durchblickt, führt zu höchst undemokratischen Konsequenzen. Darauf kann hier nur in großen Zügen eingegangen werden. Die 11 Überhangmandate (7 der SPD und 4 der CDU) kamen dadurch zustande, dass SPD und CDU bei der Wahl von 2016 mehr Direktmandate (DM) mit der Erststimme der Wähler erlangt hatten, als ihnen nach dem Zweitstimmenanteil zustanden, der auf die Parteilisten auf Bezirks- oder Landesebene entfällt. Die 19 Ausgleichsmandate (je 5 der Grünen, der Linken und der AfD, je 2 der CDU und der FDP) haben den Sinn, die Gesamtzahl der Mandate proportional wieder dem Zweitstimmenergebnis anzugleichen. Alle 30 Mehr-Mandate sind Listenmandate (LM), mit denen ein von den Parteien bestimmter Block von Kandidaten gewählt wird, auf deren Zusammensetzung die Wähler keinerlei Einfluss besitzen. Zusammen mit den ohnehin vorgesehenen 52 Listenmandaten ergeben sich also 82 Listenmandate, sodass der im Wahlgesetz an sich vorgesehene Vorrang von Direktmandaten (78 DM zu 52 LM)[21] sich in eine Überzahl von starren Listenmandaten verkehrt (82 LM zu 78 DM).

Hinzu kommt, dass die Inhaber von Ausgleichsmandaten ihren Sitz im Abgeordnetenhaus auch Wählern verdanken, die deren Liste gar nicht wählen wollten: Das Wahlgesetz hat vielen Abgeordneten nämlich nur deshalb einen Sitz im Parlament verschafft, weil bestimmte Wähler, in Unkenntnis, was sie mit ihrer Wahlentscheidung bewirken, Überhangmandate schufen und so Parteien und Abgeordneten, die sie möglicherweise zutiefst ablehnen, zu Ausgleichsmandaten verhalfen.

Kann man diesen Weg ins Parlament noch als legitim, also auf dem Willen des Bürgers als des eigentlichen Souveräns in der Demokratie beruhend bezeichnen?

Auch aus diesem Grund sollte das Abgeordnetenhaus sein Wahlrecht unbedingt alsbald reformieren, damit sich nicht auch nach der nächsten Wahl demokratiewidrige Effekte und ein übergroßes Parlament ergeben.

2. Massive Erhöhung der Abgeordnetenentschädigung

Statt das Wahlrecht so zu reformieren, dass das Parlament auf 130 Mitglieder zurückgeschnitten und seine entdemokratisierenden Effekte beseitigt würden, hält das Abgeordnetenhaus an der derzeitigen Größe fest und stockt die Entschädigung der Abgeordneten um nicht weniger als 58 Prozent auf: von 3944 Euro auf 6250 Euro – und das mitten in der laufenden Legislaturperiode. Welche Abgeordneten dieser Erhöhung ausdrücklich zugestimmt haben, ergibt sich aus der Übersicht über die namentliche Abstimmung, die dem Protokoll über die zweite Lesung des Gesetzes beigefügt wurde[22] und die auch im Anhang dieses Buches wiedergegeben ist (siehe S. 104 f.).

Berlin hat damit beides: 30 rein wahlrechtsbedingte und in ihrer Legitimität anfechtbare Mehr-Mandate und eine ebenso abrupte wie gewaltige Diätenerhöhung mitten in der Legislaturperiode, von der alle derzeitigen Mandatsinhaber profitieren, auch die 30 überzähligen.

Das seit dem 1. Januar 2020 gezahlte monatliche Plus von 2306 Euro summiert sich bis zum voraussichtlichen

Ende der Wahlperiode im Herbst 2021 auf mindestens 48 426 Euro pro Abgeordneten (2 306 mal 21 Monate). Wie im Einzelnen noch darzulegen sein wird, schlägt die Aufstockung der Entschädigung auch auf die Zulagen des Präsidenten und der Vizepräsidenten durch und vermutlich auch auf die Zulagen anderer Funktionsträger. Die Erhöhung der Versorgung (Übergangsgeld, Altersentschädigung sowie Invaliditäts- und Hinterbliebenenentschädigung) um 58 Prozent erfolgt sogar mit Rückwirkung auf die gesamte Zeit der Zugehörigkeit eines Abgeordneten zum Landesparlament.

Ganz versäumt wurde bei der Gewährung dieser erstaunlichen Einkommenssteigerungen, das Abgeordnetengesetz und das ebenfalls tangierte Senatorengesetz auf überholte Privilegien durchzusehen und diese abzuschaffen. Schon gar nicht wurden die nötigen Konsequenzen aus der Mutation des Abgeordnetenhauses von einem teilalimentierten zu einem vollalimentierten Parlament gezogen. Wir kommen noch darauf zurück.

Rechtswidrig: Gesetzentwurf ohne Begründung

Der Gesetzentwurf enthält zwar eine Gegenüberstellung des alten und des gewollten neuen Rechts, aber keinerlei Begründung für die Änderung. Das ist klar rechtswidrig. Es entspricht nicht nur einer demokratischen Selbstverständlichkeit, dass das Parlament insbesondere solche Vorschriften sichtbar begründet, mit denen es sich selbst begünstigt. Die fehlende Begründung widerspricht zudem der Geschäftsordnung des Abgeordnetenhauses[23] und sogar der Verfassung.[24]

Wegen der Entscheidung des Parlaments in eigener Sache liegen die Möglichkeit und die Gefahr von Manipulation und Missbrauch besonders nahe.[25] Ohne Begründung ist es nicht möglich, dem Grundsatz gerecht zu werden, dass »der gesamte Willensbildungsprozess für den Bürger durchschaubar« sein muss – ein Grundsatz, den das Bundesverfassungsgericht durch Aufnahme in die Leitsätze seines Diätenurteils mit Recht hervorgehoben hat.[26] Die Verfassungswidrigkeit wird durch die Verfassung von Berlin bestätigt. Deren Artikel 59 Absatz 3 Satz 1 schreibt vor, dass die Öffentlichkeit über Gesetzesvorhaben zu informieren ist. Die Bürger sollen wissen, was ihre Vertreter planen.[27] Dass dies nicht ohne Begründung des Gesetzentwurfs möglich ist, zeigt das vorliegende Gesetzgebungsverfahren zur Genüge. Durch das Weglassen der Begründung wurde verhindert, dass die Öffentlichkeit über die eigentlichen Probleme des Gesetzentwurfs, etwa über die in einem der letzten Paragrafen versteckte Rückwirkung (siehe Kapitel 4, S. 48 ff.), informiert wurde.

Den mangels Begründung bereits formal fehlerhaften Gesetzentwurf hätte der Präsident des Abgeordnetenhauses laut Geschäftsordnung beanstanden müssen.[28] Und das beschlossene Gesetz hätte er wegen seiner Verfassungswidrigkeit nicht ausfertigen dürfen (siehe Kapitel 4, S. 51 f.).

Rechtfertigungsversuche gescheitert

Irreführend: Durchschnittliche Entschädigung in den Ländern als Maßstab

Die Initiatoren des Gesetzes haben versucht, Teile der Neuregelung gegenüber den Medien und in den Debatten im Abgeordnetenhaus zu rechtfertigen. So behaupteten die Parlamentarischen Geschäftsführer der fünf Fraktionen, die Aufstockung würde am Durchschnitt der Entschädigung in allen anderen Länderparlamenten Maß nehmen. Dieser betrage zurzeit 6 755,56 Euro beziehungsweise (ab 1. Februar 2020) 6 950 Euro. Aus Zurückhaltung hätten die Initiatoren des Gesetzes sich aber »auferlegt, 700 Euro weniger im Monat zu nehmen«. Wörtlich führte der Parlamentarische Geschäftsführer der SPD-Fraktion aus:

> »Die objektive Stellgröße für diese Parlamentsreform war das Einrücken in den Durchschnitt der Länderparlamente. Das würde bedeuten, dass wir über eine Diät reden, die heute bei 6 755,56 Euro und am 1. Februar 2020 bei 6 950 Euro liegen würde. Das – das haben die Fraktionsberatungen ergeben – […] lassen wir so nicht stehen, weil wir hinsichtlich der Versorgung nicht in die Mitte der Länder rücken, sondern das Schlusslicht bleiben wollen. Deswegen haben wir uns auferlegt, 700 Euro weniger im Monat zu nehmen trotz des politischen Anspruchs, im Länderdurchschnitt zu verweilen.«[29]

Diese Rechnung ist schon deshalb anfechtbar, weil sie ohne jede Gewichtung vorgenommen wurde. Es ist nicht nachzuvollziehen, dass Abgeordnete kleiner Länder, obwohl sie eine sehr viel geringere Zahl von Einwohnern zu vertreten haben als Abgeordnete größerer Länder (siehe oben Kapitel 1, S. 14 ff.), dennoch genauso bezahlt werden sollten wie diese. Zudem sind Stadtstaaten mit Flächenländern nicht vergleichbar, in denen Abgeordnete sehr viel längere, zeitraubende Fahrten zum Parlament und innerhalb des Landes absolvieren müssen.

Nimmt man die anderen beiden Stadtstaaten und immer noch halbwegs vergleichbare Flächenländer wie Sachsen, Rheinland-Pfalz, Schleswig-Holstein und Brandenburg hinzu, so kommt man allenfalls auf 5 200 Euro als Vergleichsgröße. Dabei ist berücksichtigt, dass die Entschädigungen in Brandenburg, Bremen und Schleswig-Holstein auch Vorsorgeleistungen für die Altersversorgung enthalten, die der Vergleichbarkeit wegen herausgerechnet werden müssen[30] (siehe Tabelle 2, S. 99).

Davon, dass Berlin mit 6 250 Euro das Schlusslicht bilde, wie Schneider behauptet, kann ohnedies keine Rede sein: Mehrere Flächenländer und die beiden anderen Stadtstaaten liegen deutlich darunter; dies gilt erst recht, wenn man berücksichtigt, dass die Entschädigung in fünf Ländern aufgrund der Umschichtungen optisch überhöht ausgewiesen wird (vgl. Tabelle 2, S. 99).

Die Schieflage ihrer Argumentation kann auch den Geschäftsführern nicht verborgen geblieben sein. Dass sie die Entschädigungen in allen anderen Ländern dennoch zum Maßstab genommen haben wollen, kann nur als Täuschung der Öffentlichkeit interpretiert werden.

Im Übrigen taugt ein Vergleich mit anderen Bundesländern von vornherein nicht, um die maßlose Erhöhung in Berlin zu rechtfertigen. Alle Parlamente entscheiden über ihre Diäten in eigener Sache und haben sich im Laufe der Jahre gegenseitig hochgeschaukelt. So hat sich zum Beispiel der Bayerische Landtag seine Vollalimentation in einem wahrhaftigen Camouflage-Gesetz unter Ausschaltung aller Kontrollen erschlichen. Dabei wurde die Tatsache stillschweigend übergangen, dass die Bayerische Verfassung Abgeordneten lediglich eine »Aufwandsentschädigung« zubilligt, also erkennbar von einer nebenberuflichen, wenn nicht sogar ehrenamtlichen Mandatstätigkeit ausgeht.[31]

Auch die Diäten hessischer Abgeordneter kommen als Vorbild nicht in Betracht, denn sie weisen ebenfalls einen schweren Geburtsfehler auf: Bei ihrer Festsetzung war am durchschnittlichen Einkommen hessischer Freiberufler Maß genommen, dabei aber ignoriert worden, dass diese ihre Altersversorgung selbst finanzieren müssen, während hessische Abgeordnete noch zusätzlich in den Genuss einer rein staatlich finanzierten Versorgung kommen.[32]

Ein weiteres Beispiel für manipulative Erhöhungen bot Rheinland-Pfalz mit einem »Blitzgesetz«. 2017 wurde mit statistischen Tricks der Eindruck erweckt, die Entschädigung sei in den letzten 20 Jahren um über 1000 Euro monatlich hinter der Entwicklung der Beamtenbesoldung zurückgeblieben, und dieser Rückstand müsse durch eine

Diätenerhöhung beseitigt werden. In Wahrheit jedoch hatte es überhaupt keinen Rückstand gegeben.[33]

Vorzeitiges Inkrafttreten der Neuregelung

Schon gar nicht war es gerechtfertigt, die Diätenerhöhung bereits zum 1. Januar 2020 in Kraft zu setzen. Die Abgeordneten sind bei der Wahl im Jahre 2016 zu den damaligen Bedingungen ins Abgeordnetenhaus eingetreten. Wenn sie die Bedingungen mitten in der Wahlperiode zu ihren eigenen Gunsten massiv ändern und gleichzeitig die bei solchen Entscheidungen besonders wichtigen Kontrollen ausschalten, ist das tatsächlich ein unziemlicher Griff in die Staatskasse, vor dem schon James Madison, der geistige Vater der amerikanischen Verfassung, gewarnt hatte (siehe S. 73 f.). Daniel Wesener, Parlamentarischer Geschäftsführer der Fraktion von Bündnis 90/Die Grünen, versuchte die Neuregelung mit den, wie er meinte, günstigen Auswirkungen auf die Rekrutierung von Abgeordneten zu begründen, übersah aber, dass er damit der Inkraftsetzung zum 1.1.2020 selbst die Rechtfertigung entzieht:

> »2021, wenn dieses Haus neu in veränderter Formation zusammentritt, werden die dann demokratisch Gewählten eine erste Zwischenbilanz ziehen können. Ich wage die Prognose, dass die heutigen Beschlüsse dieses Parlament bis dahin bereits nachhaltig verändert haben. Deswegen bitte ich um Zustimmung.«[34]

Auch Paul Fresdorf, der Parlamentarische Geschäftsführer der FDP-Fraktion, verband mit der Neuregelung, dass Menschen »aus allen gesellschaftlichen Schichten mit jedem Ausbildungshintergrund« Politik machen können, und fand »ganz besonders wichtig, dass dies entlohnt wird, damit sie ihre Entscheidung unabhängig treffen können«.[35]

Die beschworenen Auswirkungen auf die Zusammensetzung des Abgeordnetenhauses können sich aber frühestens nach der nächsten Wahl ergeben. Ein Inkrafttreten der Diätenerhöhung mitten in der Wahlperiode ist dazu nicht nötig. Es hätte völlig ausgereicht, sie erst zu Beginn der neuen Wahlperiode wirksam werden zu lassen, um die erhoffte Anziehungskraft auf neue Landtagskandidaten auszuüben.

Die Ausführungen der Parlamentarischen Geschäftsführer können das vorzeitige Inkrafttreten also gar nicht begründen. Auch die Neuregelung des *Bundes*abgeordnetengesetzes konnte, wie das Bundesverfassungsgericht formulierte, selbstverständlich »nur zum Beginn einer neuen Legislaturperiode in Kraft gesetzt werden«.[36] Das Inkraftsetzen der Neuregelung in Berlin schon Anfang 2020 ist deshalb allein durch die Absicht zu erklären, dass die Akteure sich selbst massiv bereichern wollten.

Überhaupt nicht zu rechtfertigen ist auch die Rückwirkung bei der Versorgung, die das Übergangsgeld und erst recht die Alters-, Invaliditäts- und Hinterbliebenenversorgung krass unangemessen aufbläht. Eine Begründung dafür ist nicht ersichtlich. Aus dem schlichten Grund, weil eine Begründung gar nicht möglich ist (Näheres siehe Kapitel 4, S. 48 ff.).

Durch verlängerte Sitzungszeiten gerechtfertigt?

Die Parlamentarischen Geschäftsführer haben versucht, die Anhebung der Entschädigung damit zu begründen, die anstehende Mehrarbeit verlange eine Ausweitung der Sitzungen;

- Die eintägigen Plenarsitzungen, die – außerhalb der Schul- und Parlamentsferien – ein- oder zweimal im Monat anstehen[37] und in der Regel um 10.00 Uhr beginnen, sollen bis 22.00 Uhr dauern anstatt wie bisher bis 19.00 Uhr.[38]
- Die Ausschüsse des Parlaments sollen künftig 3 statt 2 Stunden lang tagen.[39]
- Ferner haben die betreibenden Fraktionen vereinbart, ab 2021 pro Jahr zwei zusätzliche Sitzungstermine vorzusehen (18 statt 16).[40]

Die Rückwirkung bei der Versorgung lässt sich damit allein schon deshalb nicht rechtfertigen, weil die Ausweitung der Sitzungszeiten erst für die Zukunft gilt.

Auch das Inkrafttreten zum 1. Januar 2020 wie überhaupt die Aufstockung der Entschädigung und der Versorgungsansprüche um 58 Prozent lassen sich mit der Ausweitung der Sitzungszeiten nicht rechtfertigen. Denn die bringt lediglich eine Aufstockung der Arbeitszeit um weniger als 100 Stunden im Jahr und mit den zwei zusätzlichen Sitzungsterminen ab 2021 um etwas mehr.[41]

Die Beanspruchung der Abgeordneten im Wahlkreis, für die sie externe Büros finanziert bekommen, und ihre Öffentlichkeitsarbeit sind ohnehin unverändert geblieben. Seit der 2017 erfolgten Anhebung der Mitarbeiterpauschale[42] erhalten sie dafür ohnehin noch zusätzliche Hilfe. Beides blieb in den Debatten unerwähnt. Wie die relativ begrenzte Erhöhung der Arbeitszeit im Parlament die Aufstockung von Entschädigung und Versorgung um 58 Prozent und erst recht das Wirksamwerden mitten in der Wahlperiode rechtfertigen soll, steht in den Sternen.

Vordergründige Rechtfertigungsversuche

Die Initiatoren des Gesetzes führen unter anderem auch eine Äußerung des Bundes der Steuerzahler an, um ihr Vorhaben zu legitimieren. Dieser hatte vorgerechnet, dass im Falle einer Verkleinerung des Abgeordnetenhauses auf 90 Mitglieder sogar eine Entschädigung von 8104 Euro noch zu einer Haushaltseinsparung von mindestens 6 Millionen Euro führen würde.[43] Abgesehen davon, dass Äußerungen des Bundes der Steuerzahler nicht der Weisheit letzter Schluss sein müssen, ist diese Rechnung einseitig nur auf die finanzielle Belastung des Steuerzahlers bezogen. Zudem betreiben die Verfechter des Gesetzes damit Rosinenpickerei und reißen die rein hypothetische Aussage aus dem Zusammenhang, wenn behauptet wird, der Bund der Steuerzahler habe eine Anhebung der Entschädigung auf 8 104 Euro vorgeschlagen.[44]

Im Übrigen bleibt das Abgeordnetenhaus in Wahrheit auch nach der Erhöhung der Diäten ein Teilzeitparlament, wie der Parlamentarische Geschäftsführer der CDU-Fraktion Heiko Melzer ausdrücklich bestätigt.[45] Daran ändert sich auch nichts durch die beschönigende Bezeichnung »Hauptzeitparlament«, die ein kreativer Kopf eigens für das Berliner Abgeordnetenhaus erfunden zu haben scheint, weil eine Charakterisierung als »Vollzeitparlament« denn wohl doch als zu kühn erschienen ist. Die bloße Anheftung des Labels »Hauptzeitparlament« jedoch kann an der Struktur des Abgeordnetenhauses nichts ändern. Vielmehr soll damit zum Ausdruck gebracht werden, dass mit dem Mandat – auch zeitlich – durchaus eine private Berufstätigkeit und das entsprechende Einkommen vereinbar sind.[46] Die neu eingefügte Vorschrift, dass die Ausübung des Abgeordnetenmandats »im Mittelpunkt der Tätigkeit eines Mitglieds des Abgeordnetenhauses« steht,[47] ändert nichts Wesentliches an den bisherigen Verhältnissen und ist bloß symbolische Gesetzgebung. Sie hindert zum Beispiel Mitglieder des Senats (also der Berliner Regierung) nicht daran, auch Sitz und Stimme im Abgeordnetenhaus einzunehmen, obwohl bei ihnen das Mandat ganz offensichtlich *nicht* im Mittelpunkt ihrer Tätigkeit steht (siehe Kapitel 4, S. 43 f., Kapitel 5, S. 59 ff.).

Dass ausgerechnet das Parlament eines Stadtstaates, in dem zur Pflege von Wahlkreis und Bevölkerung – anders als in Flächenländern – keine besonders weiten Entfernungen zeitraubend zu bewältigen sind, sich nun eine Vollalimentation bewilligt hat – und dies auch noch mit Wirkung ab 2020 und sogar mit Rückwirkung –, erscheint komplett widersinnig.

3. Vorsatz und Begierde: Die »Betreiber« des Gesetzes

Denn sie wussten, was sie tun: Fraktionsvorsitzende und Parlamentarische Geschäftsführer

Es waren die Vorsitzenden der fünf Fraktionen, die den Gesetzentwurf zusammen mit ihren Parlamentarischen Geschäftsführern unterschrieben und allesamt dem Gesetz bei der namentlichen Abstimmung am 26. September zugestimmt haben.[48] Die Geschäftsführer hatten das Projekt miteinander abgestimmt,[49] es in den Debatten des Abgeordnetenhauses vertreten und im Hauptausschuss durchgewunken.[50] Die Vorsitzenden und Parlamentarischen Geschäftsführer der fünf Fraktionen sind:

- SPD: Raed Saleh und Torsten Schneider
- CDU: Burkard Dregger und Heiko Melzer
- FDP: Sebastian Czaja und Paul Fresdorf
- Grüne: Antje Kapek und Silke Gebel (Fraktionsvorsitzende) sowie Daniel Wesener

- Die Linke: Udo Wolf und Carola Bluhm (Fraktionsvorsitzende) sowie Steffen Zillich

Sie alle, die aufgrund der von ihnen initiierten und führend begleiteten Entscheidung des Abgeordnetenhauses dafür eine besondere Verantwortung tragen, erhalten eine gewaltig erhöhte Entschädigung, ein vermehrtes Übergangsgeld, eine stark gesteigerte Rente im (meist vorgezogenen) Alter und vermutlich eine ebenfalls erhöhte Funktionszulage (zu den Einzelheiten siehe Kapitel 4). Sie versorgen sich sozusagen selbst zuerst – entsprechend der alten Erfahrung, die der Redewendung »Wer das Kreuz hat, segnet sich selber zuerst« zugrunde liegt.[51]

Durch die Rückwirkung bei der Versorgung wird »langgedienten« Abgeordneten auf einen Schlag eine Vermögensmehrung von mehreren Hunderttausend Euro bewilligt. Damit sicherte man sich die Zustimmung dieser oft besonders einflussreichen Abgeordneten, wie zum Beispiel des Präsidenten des Abgeordnetenhauses und des Regierenden Bürgermeisters. Dabei enthält der Gesetzentwurf, wie erwähnt, keinerlei Begründung für die Rückwirkung, obwohl die Geschäftsordnung und die Verfassung eine Begründung ausdrücklich verlangen und sie bei Entscheidungen des Parlaments in eigener Sache unerlässlich ist. Ihr Fehlen signalisiert denn auch, dass eine sachliche Begründung gar nicht möglich ist (siehe Kapitel 2, S. 29, und Kapitel 4, S. 51 f.).

»Missbrauch um finanzieller Vorteile willen«

Den Verstoß gegen die Geschäftsordnung müssen die Parlamentarischen Geschäftsführer natürlich gekannt haben. Es muss ihnen auch bewusst gewesen sein, dass die von ihnen angeführten Begründungen für die Anhebung der Entschädigung (siehe Kapitel 2, S. 25 ff.) und für die Aufrechterhaltung der Übergröße des Abgeordnetenhauses (Kapitel 1, S. 14 ff.) unrichtig waren. Und sie mussten wissen, dass sie damit die Öffentlichkeit und vermutlich auch viele ihrer Abgeordnetenkollegen ebenso täuschten wie mit dem Verstecken der Rückwirkung in einer der letzten und zudem schwer verständlichen Vorschriften des Gesetzentwurfs. Sie haben damit ihre Stellung »um finanzieller Vorteile willen missbraucht«.

Für solche Fälle hatte die Enquete-Kommission »Verfassungs- und Parlamentsreform« 1994 eine Art Impeachment-Verfahren für Abgeordnete vorgeschlagen, um »der Würde und dem Ansehen des Hauses Genüge zu tun«.[52] Diese Vorschrift ist zwar nicht zustande gekommen. Das ändert aber nichts daran, dass die Geschäftsführer um finanzieller Vorteile willen ihre Stellung missbraucht und die Würde und das Ansehen des Hauses schwer beschädigt haben.

4. Die finanziellen Auswirkungen der Neuregelung

Das Gehalt der Abgeordneten: die Entschädigung

Die Neuregelung bringt, wie schon erwähnt, jedem Abgeordneten ab dem 1.1.2020 ein monatliches Plus von 2306 Euro. Der Präsident des Abgeordnetenhauses, der eine doppelte Entschädigung bezieht,[53] erhält 4612 Euro mehr. Seine Stellvertreter, die eineinhalb Entschädigungen beziehen, machen ein Plus von 3459 Euro.

Das Übergangsgeld

Abgeordnete

Die Erhöhung der Entschädigung hat besonders gravierende Auswirkungen auf die Versorgung. Ein Übergangsgeld fällt nach dem Ausscheiden eines Mitglieds des Abgeordnetenhauses an, wenn es dem Haus mindestens ein Jahr angehört hat. Die Höhe richtet sich nach der Dauer der Mitgliedschaft. Für jedes Jahr im Abgeordnetenhaus wird die Entschädigung einen Monat gewährt, höchstens 18 Monate lang.[54]

Das summiert sich: Nach fünf Jahren Mitgliedschaft im Abgeordnetenhaus beträgt das durch die Erhöhung der Entschädigung bewirkte Plus beim Übergangsgeld insgesamt 11 500 Euro und nach 18 und mehr Jahren Mitgliedschaft 41 508 Euro (siehe Tabelle 4 im Anhang).

In Berlin erhalten Abgeordnete sogar dann noch Übergangsgeld, wenn sie im Rentenalter ausscheiden, das für sie spätestens mit 63 Jahren beginnt (siehe S. 39 f.). Dabei ist das Übergangsgeld eigentlich zur Vorbereitung auf einen neuen Beruf gedacht[55] und sollte Abgeordneten, die im Ruhestandsalter ausscheiden, nicht mehr gewährt werden, wie das zum Beispiel in Schleswig-Holstein vorgesehen ist.[56]

Präsident und Vizepräsidenten

Präsidenten, die aus dem Abgeordnetenhaus ausscheiden, erhalten doppeltes Übergangsgeld, nach der Erhöhung also statt bisher 7 888 Euro (3 944 × 2) monatlich 12 500 Euro (6 250 × 2), Vizepräsidenten bekommen ein eineinhalbfaches Übergangsgeld, statt 5 916 (3 944 × 1,5) monatlich 9 375 Euro (6 250 × 1,5). Die Verdoppelung der Entschädigung für den Präsidenten sowie die 50-prozentige Zulage für Vizepräsidenten zählen bei der Berechnung ihres Übergangsgeldes voll mit, selbst wenn sie das Amt nur wenige Jahre ausgeübt haben.[57]

Dass diese Zulagen voll auf das Übergangsgeld durchschlagen, kann nicht überzeugen. Dies macht schon deshalb keinen Sinn, weil die Zeit, für die Übergangsgeld gezahlt wird, nach der Dauer der Parlamentszugehörigkeit gestaffelt ist und nicht nach der Dauer des besonderen parlamentarischen Amts, für das die Zulage gewährt wird. Die Sinnwidrigkeit sieht man auch daran, dass Amtsträger kein Übergangsgeld in Höhe ihrer Zulage erhalten, wenn sie ihr Amt und damit ihre Zulage verlieren, ohne aber aus dem Abgeordnetenhaus auszuscheiden – und das mit Recht. Konsequenterweise erhalten der Parlamentspräsident und seine Stellvertreter in Schleswig-Holstein[58] und in den meisten anderen Ländern sowie im Bund bei ihrem Ausscheiden aus dem Parlament kein erhöhtes Übergangsgeld.[59] Dagegen bekommen sie in Berlin das doppelte Übergangsgeld sogar dann, wenn sie im Rentenalter aus dem Haus ausscheiden (siehe dazu S. 38, 56).

Die Altersentschädigung

Wie bisher schon erwirbt ein Abgeordneter nach neun Jahren im Parlament[60] ab dem vollendeten 63. Lebensjahr einen Anspruch auf Rente (die sogenannte Altersentschädigung) in Höhe von 35 Prozent seiner Abgeordnetenentschädigung, wenn er aus dem Abgeordnetenhaus ausscheidet. Nach 20 Jahren im Parlament hat er bereits ab dem 57. Lebensjahr Anspruch auf die Höchstversorgung von 65 Prozent seiner Abgeordnetenentschädigung.[61]

Durch die Erhöhung der Abgeordnetenentschädigung um 58 Prozent erhöhen sich auch die Versorgungsleistungen um denselben Prozentsatz. Dabei widerspricht die Ausgestaltung der sogenannten Altersentschädigung schon in ihrer bisherigen Form den Empfehlungen der Enquete-Kommission »Verfassungs- und Parlamentsreform« von 1994, wonach die Abgeordnetenversorgung lediglich die Lücken füllen sollte, die die Parlamentszeit in die sonstige Versorgung des Abgeordneten reißt.[62] Sie sollte also nicht schon nach einem halben Arbeitsleben eine Vollversorgung erbringen, die mit 57 Jahren fällig wird.

Die dennoch erfolgte Erhöhung der Altersentschädigung hat weittragende Auswirkungen. Denn sie wird über die gesamte verbleibende Lebensspanne des Abgeordneten und seiner eventuellen Hinterbliebenen gezahlt. Die Aufstockung der Versorgung um 58 Prozent wirkt sich also regelmäßig jahrzehntelang aus (siehe im Einzelnen Tabelle 5 im Anhang).

Mehrfach privilegiert: ehemalige Senatoren im Abgeordnetenhaus

Sofern ehemalige Senatoren mit Versorgungsanspruch Fraktionsvorsitzende oder deren Stellvertreter sind, ergibt die Erhöhung der Entschädigung für sie eine mehrfach unangemessene Privilegierung. Hier wird besonders deutlich, dass bei der Neuregelung versäumt wurde, die bestehenden Regelungen auf überholte Privilegien durchzusehen und diese abzuschaffen.

- Frühere Senatoren, wie die Minister in Berlin heißen, können schon ab dem vollendeten 55. Lebensjahr in den Genuss ihrer Pension kommen.[63] Im Bund dagegen wird die Ministerpension normalerweise erst ab dem vollendeten 67. Lebensjahr fällig.[64] Zwar wurde die Ministerpension früher auch im Bund bereits mit 55 Jahren fällig, Aber 2008 wurde das Pensionsalter heraufgesetzt,[65] was wie folgt begründet wurde: »Die angesichts der demographischen Entwicklung schwierige Situation aller Alterssicherungssysteme erfordert den systemgerechten Beitrag aller Gruppen zur Sicherung der Systeme, (…) auch (…) der politischen Leitungsebene.«[66]
- Diese Einsicht gilt nicht nur für Regierungsmitglieder des Bundes, sondern sollte auch für Regierungsmitglieder der Bundesländer gelten.[67] Der frühe Zahlungsbeginn der Senatorenversorgung in Berlin stellt ein nicht mehr gerechtfertigtes Privileg dar und sollte abgeschafft werden. Die Vergünstigung erscheint erst recht unhaltbar, nachdem die Bundesbank vorgerechnet hat, dass das allgemeine Rentenalter auf 69 Jahre steigen muss, wenn die Sozialversicherungsrente nicht deutlich sinken oder der Beitrag massiv steigen soll.[68]

- Wenn ein Abgeordneter im Bund neben seiner Entschädigung zugleich Anspruch etwa auf eine Versorgung als früherer Minister hat, so wird diese zu 80 Prozent gestrichen, höchstens jedoch in Höhe der Abgeordnetenentschädigung.[69] Berlin streicht bei einem solchen Zusammentreffen zwar die Entschädigung zu 50 Prozent, höchstens jedoch zu 50 Prozent der Senatorenversorgung.[70] Daraus ergibt sich auch nach der Erhöhung der Abgeordnetenentschädigung zum 1. Januar 2020 in der Regel eine geringere Anrechnung in Berlin (siehe Kapitel 5, S. 64 f.). Deshalb sollten auch diese Bestimmungen geändert werden.
- Zusätzlich werden von den meisten Fraktionen sogenannte Funktionszulagen gewährt, eine Art Gehaltszuschlag für bestimmte Ämter, zum Beispiel auch für stellvertretende Fraktionsvorsitzende, obwohl dies nach der Aufstockung der Entschädigung unzulässig ist, weil die Abgeordneten nun vollalimentiert werden. Das Bundesverfassungsgericht gestattet Zulagen nur für den Präsidenten, seine Stellvertreter und für Fraktionsvorsitzende. Das Verfassungsgericht von Schleswig-Holstein billigt sie auch einem Parlamentarischen Geschäftsführer pro Fraktion zu (siehe S. 45). Aus dem Übergang zur Vollalimentation müssen also noch die nötigen Konsequenzen gezogen werden.

Gewaltenteilung ade?

Senatsmitglieder sollten ihr Abgeordnetenmandat niederlegen

Dass Senatoren gleichzeitig Abgeordnete sein dürfen, schlägt dem Grundsatz der Trennung von Exekutive und Legislative[71] ins Gesicht. Der frühere Bundespräsident Roman Herzog rügte das gleichzeitige Innehaben von Regierungsamt und Parlamentsmandat als die »handgreiflichste Abweichung vom Prinzip der Gewaltenteilung«.[72] Die beiden anderen Stadtstaaten verbieten die Kumulation deshalb ausdrücklich kraft Verfassung,[73] und eine entsprechende Vorschrift hatte die Enquete-Kommission »Verfassungs- und Parlamentsreform« auch für Berlin vorgeschlagen.[74] Es ist ja auch paradox, dass für Berliner Beamte aus Gründen der Gewaltenteilung grundsätzlich Inkompatibilität besteht,[75] ihre obersten Chefs, die Senatoren, aber darauf pfeifen können.

Dass die Gefahr von Interessenkollisionen, die durch die Unvereinbarkeit von Amt und Mandat gebannt werden soll, bei Senatoren, die Beamten vorgesetzt und ihnen gegenüber weisungsbefugt sind, am größten ist, ist doch offensichtlich. Das finden offenbar auch manche Senatoren, wie zum Beispiel Elke Breitenbach, Dr. Klaus Lederer und Katrin Lompscher (alle Die Linke), die ihr Abgeordnetenmandat beim Eintritt in den Senat von sich aus niedergelegt haben, und mehrere andere Senatoren ohne Mandat. Andere aber, wie der Regierende Bürgermeister Michael

Müller (SPD), die Bürgermeisterin Ramona Pop (Bündnis 90/Die Grünen) und die Senatorin Dilek Kalayci (SPD) halten an ihrem Abgeordnetenmandat unverdrossen fest – und beziehen daraus ein Zweiteinkommen und eine Anwartschaft auf Zweitruhegehalt, obwohl offensichtlich ist, dass sie durch ihr Senatsamt voll in Anspruch genommen sind, das Mandat also nicht im Mittelpunkt ihrer Tätigkeit stehen kann, was § 26a des Abgeordnetengesetzes ab 1. Januar 2020 ausdrücklich verlangt. Sie sollten deshalb alsbald dem Beispiel ihrer Kollegen folgen und ihr Abgeordnetenmandat niederlegen.[76]

Was geboten wäre: Streichung oder Kürzung der Abgeordnetenentschädigung samt Versorgung

Zumindest sollte beim Zusammentreffen von Senatsamt und Abgeordnetenmandat die hälftige Abgeordnetenentschädigung und damit auch die Abgeordnetenversorgung vollständig gestrichen werden, wie dies auch in Niedersachsen[77] und im Saarland[78] der Fall ist. In anderen Ländern wird die Entschädigung immerhin um deutlich mehr als 50 Prozent gekürzt: In Thüringen wird die Abgeordnetenentschädigung um 65 Prozent, in Rheinland-Pfalz um 70 Prozent, in Brandenburg, Hessen, Mecklenburg-Vorpommern und in Sachsen-Anhalt um 75 Prozent und in Schleswig-Holstein um 95 Prozent gestrichen.[79]

Zusatzgehalt Funktionszulagen

Hinsichtlich der sogenannten Funktionszulagen sind jetzt – bedingt durch den Übergang des Abgeordnetenhauses zum vollalimentierten Parlament – die dafür geltenden Regeln des Bundesverfassungsgerichts und der Landesverfassungsgerichte auf die Mitglieder des Abgeordnetenhauses anzuwenden (siehe S. 42).

- Danach sind Zulagen nur für den Parlamentspräsidenten und seine Vertreter sowie für Fraktionsvorsitzende[80] und einen Parlamentarischen Geschäftsführer je Fraktion[81] grundsätzlich zulässig. Für alle anderen, etwa für stellvertretende Fraktionsvorsitzende, sind Zulagen dagegen unzulässig.[82] Das gilt jedenfalls für vollalimentierte Parlamente. Für andere, wie die Hamburger Bürgerschaft, werden Ausnahmen konzediert,[83] die Berlin nun aber nach Einführung der Vollalimentation nicht mehr in Anspruch nehmen darf.[84] Deshalb sollte ein entsprechendes Verbot ins Berliner Abgeordnetengesetz geschrieben werden, das wie in Schleswig-Holstein auch für Zahlungen aus der Fraktionskasse gelten sollte.[85]
- Werden Funktionszulagen aus der Fraktionskasse bezahlt, ist das Transparenzgebot zu beachten: Ihre Höhe muss öffentlich gemacht werden. So muss in Niedersachsen die »Höhe der Vergütung für die Wahrnehmung der einzelnen Funktionen« in den Rechenschaftsberichten der Fraktionen publiziert werden.[86]

In Berlin werden Funktionszulagen auch an stellvertretende Fraktionsvorsitzende und an mehr als nur einen Parlamentarischen Geschäftsführer pro Fraktion (so zum Beispiel von der CDU-Fraktion) gezahlt. Diese und andere Zulagen werden nicht im Einzelnen ausgewiesen. Beides, die Zahlung an stellvertretende Fraktionsvorsitzende und zusätzliche Parlamentarische Geschäftsführer sowie die mangelnde Transparenz, ist, wie dargelegt, verfassungsrechtlich unzulässig. Immerhin erfolgt ein globaler Ausweis der »Entgelte und Aufwandsentschädigungen für Fraktionsmitglieder mit besonderen Funktionen« in den jährlich als Drucksache zu veröffentlichenden Rechenschaftsberichten.[87] Im Jahre 2018 haben die Fraktionen – laut ihren Rechenschaftsberichten[88] – dafür folgende Summen ausgegeben:

SPD	284 492,65 Euro
CDU	318 208,55 Euro
Die Linke	145 920 Euro
Bündnis 90/Die Grünen	32 400 Euro
AfD	165 480 Euro
FDP	212 536,70 Euro

Obwohl sie nur global ausgewiesen werden, zeigen diese Angaben, dass – mit Ausnahme der Grünen – für Funktionszulagen Gelder in erheblichem Umfang gezahlt werden. Und wer anders als Fraktionsvorsitzende, ihre Stellvertreter und die Parlamentarischen Geschäftsführer käme dafür in erster Linie in Betracht?

Dieser Personenkreis ist im vorliegenden Zusammenhang deshalb von besonderem Interesse, weil er nicht nur am Ende dem Gesetz zugestimmt hat,[89] wie die anderen Abgeordneten der initiierenden Fraktionen auch, sondern das ganze Verfahren auch maßgeblich »betrieb« (vgl. S. 34 ff.): Die Parlamentarischen Geschäftsführer bereiteten das Projekt inhaltlich vor, unterschrieben den Gesetzentwurf zusammen mit den Fraktionsvorsitzenden und suchten ihn in den Plenardebatten im Abgeordnetenhaus zu verteidigen.

Wie die Globalsumme auf die Funktionsträger aufgeteilt wird, besagt für Die Linke ein Beschluss der Fraktionsversammlung vom 17. März 2019. Danach erhalten:

Fraktionsvorsitzende	eine Zulage in Höhe einer monatlichen Abgeordnetenentschädigung
Stellv. Fraktionsvorsitzende	ein Drittel einer monatlichen Abgeordnetenentschädigung
Parl. Geschäftsführer	eine halbe monatliche Abgeordnetenentschädigung

Die Erhöhung der Entschädigung um 58 Prozent dürfte also auch zu einer Anhebung der Zulagen führen. Diese ab 2020 anstehenden Erhöhungen dürften die Fraktionen, jedenfalls vorläufig, aus den hohen Reserven finanzieren können, über die sie verfügen und die sie laut Rechenschaftsberichten ins Jahr 2019 übertragen haben.

Die rückwirkende Erhöhung der Versorgung: völlig unangemessen und verfassungswidrig

Übergangsgeld

Die Dauer des Übergangsgeldes richtet sich nach der Länge der Mitgliedschaft im Abgeordnetenhaus (siehe S. 37 ff.). Da auch die Zeit vor Inkrafttreten der Neuregelung mitgerechnet wird,[90] ist die Erhöhung des Übergangsgeldes besonders für Mitglieder interessant, die schon länger im Parlament sind und nach der Wahl im Jahre 2021 ausscheiden. Dies dürfte zum Beispiel für Abgeordnete der SPD der Fall sein, von denen viele – schon allein wegen der abnehmenden Zustimmung der Wähler (laut Umfragen aktuell bis zu sechs Prozentpunkte weniger als bei der letzten Wahl) – vermutlich bei der nächsten Wahl aus dem Abgeordnetenhaus ausscheiden müssen. Die Einzelheiten ergeben sich aus der Tabelle 4 im Anhang.

Altersentschädigung

Besonders gravierend schlägt die vorgesehene Rückwirkung bei der Altersentschädigung zu Buch. Auch hier erhöht der Zeitraum ab dem erstmaligen Eintritt des Abgeordneten ins Abgeordnetenhaus selbst dann die Versorgung, wenn der Eintritt 15 oder 20 Jahre zurückliegt.[91] »Langgediente« Abgeordnete brauchen also nicht noch mindestens neun Jahre abzuleisten, um in den Genuss der

Erhöhung ihrer Versorgungsanwartschaft[92] zu kommen, wie es das Gesetz als Mindestvoraussetzung vorschreibt, sondern erwerben die erhöhte Anwartschaft unmittelbar mit Inkrafttreten der Neuregelung am 1. Januar 2020. Dadurch erfährt die Anwartschaft schlagartig eine enorme Wertsteigerung.

Der heutige wirtschaftliche Wert, der aus der Erhöhung der Altersversorgung resultiert, lässt sich überschlägig berechnen. Bei neun Jahren im Abgeordnetenhaus errechnet sich die durch die Rückwirkung verursachte Entschädigungsdifferenz so: 2 306 Euro mal 0,35 mal zwölf und mal künftige Lebenserwartung beim Ausscheiden (frühestens ab Vollendung des 63. Lebensjahres). Dabei ist die statistisch ermittelte Lebenserwartung aus den vom Statistischen Bundesamt veröffentlichten sogenannten Sterbetafeln zu entnehmen (siehe Tabelle 3 im Anhang).

Bei 20-jähriger Mitgliedschaft ist folgende Rechnung anzustellen, um den durch das neue Gesetz bewirkten Mehrwert der Versorgungsanwartschaft zu ermitteln: Entschädigungsdifferenz multipliziert mit 0,65, multipliziert mit zwölf und multipliziert mit der verbleibenden Lebenserwartung (bei Ausscheiden frühestens ab Vollendung des 57. Lebensjahres); siehe Tabelle 5 im Anhang.

Nicht einbezogen ist dabei der zusätzliche Wert der Versorgung wegen eventueller Invalidität (§ 14 AbgG) und der Versorgung eventueller Hinterbliebener (§ 17 AbgG), die bei männlichen Abgeordneten den Wert der Anwartschaft um 15 bis 25 Prozent erhöht, sowie die Dynamisierung von Entschädigung und Versorgung (§ 6 Abs. 3 und

4 AbgG) einerseits und ein möglicher Abzinsungsfaktor andererseits. Aufgrund des derzeit niedrigen Zinsniveaus ist es naheliegend zu unterstellen, dass die beiden letzten Effekte einander ausgleichen.

Für Abgeordnete, die am 1. Januar 2020 schon eine 9- bis 20-jährige Mitgliedschaft im Abgeordnetenhaus aufweisen können, kommt, wie die Berechnungen belegen, die selbst bewilligte rückwirkende Erhöhung der Entschädigung im Ergebnis einem Lottogewinn gleich. Mit einem Schlag kommen sie in den Genuss einer riesigen Vermögensmehrung, weil ihre Versorgungsanwartschaft eine Wertsteigerung in Höhe eines sechsstelligen Euro-Betrages erfährt (siehe die Musterrechnungen in Kapitel 5).

Im Einzelnen hängt die Erhöhung des Werts der Versorgung, die allein durch die rückwirkende Aufstockung der Entschädigung entsteht, davon ab, welcher Teil der für die Versorgung relevanten Mitgliedschaft des Abgeordneten vor dem Beschluss vom 26. September 2019 lag, also rückwirkend einbezogen wird. Die Einzelheiten ergeben sich aus Tabelle 6 im Anhang.

Anhand des hier erläuterten Rechengangs und der (über das Abgeordnetenhaus oder Wikipedia) leicht zugänglichen Lebensdaten der Politiker sowie der Abstimmungsliste (siehe Anlage 7 im Anhang) kann jeder Bürger selbst errechnen, welche Wertsteigerung die Rente eines jeden Abgeordneten durch seine Mitwirkung am Beschluss vom 26. September 2019 erfährt.

Grob unangemessen und verfassungswidrig

Die rückwirkende Geltung lässt sich nicht mit der Behauptung rechtfertigen, sie sei systemgerecht, wie das der Parlamentarische Geschäftsführer der Grünen, Daniel Wesener, versucht hat.[93] Denn dann hätte es des § 39a Absatz 2 des Abgeordnetengesetzes, der die Rückwirkung ausdrücklich bestimmt, nicht bedurft. Die Rückwirkung ist vielmehr so ungewöhnlich, dass die Betreiber des Gesetzes diese Vorschrift eingefügt haben. Auch mit der Mehrarbeit von Abgeordneten (mit der man versucht, die Erhöhung der Entschädigung zu rechtfertigen, siehe Kapitel 2, S. 30 f.) lässt sich die Rückwirkung schon deshalb nicht begründen, weil die Verlängerung der Sitzungszeiten ja erst für die Zukunft vorgeschrieben ist.

Die Unangemessenheit der Rückwirkung ist auch grob ungerecht gegenüber denjenigen Abgeordneten, die kurz vor der Beschlussfassung über die Erhöhung vom 26. September 2019 ausgeschieden sind, denn sie sind auch hinsichtlich ihrer Versorgung von der Erhöhung ausgeschlossen.[94] Ein Beispiel ist Anja Schillhaneck, die zum 31. Juli 2019 ihr Mandat aufgab. Wäre sie zwei Monate später ausgeschieden, hätten ihre 13 Jahre im Abgeordnetenhaus voll auf die Versorgung durchgeschlagen, das heißt sie hätte eine um 58 Prozent höhere Versorgungsanwartschaft erworben. Die unterschiedliche rechtliche Behandlung macht für sie – auf ihre voraussichtliche Versorgungszeit berechnet – mehrere Hunderttausend Euro aus und bestätigt, dass die Rückwirkung für die nach dem 26. September Ausscheidenden eine grob unbillige Selbstbedienung darstellt.

Stattdessen hätte das Abgeordnetenhaus den Rückwirkungsparagrafen § 39a Abs. 2 AbgG weglassen sowie die Rückwirkung und den unverdienten enormen Vermögenszuwachs von »Altabgeordneten« ausschließen müssen. So ist man auch in Nordrhein-Westfalen[95] und Schleswig-Holstein[96] vorgegangen, als man im Zuge einer Umstrukturierung des Bezahlungssystems von Landtagsabgeordneten ihre Entschädigung massiv erhöhte. In diesen Ländern wirkte die Erhöhung hinsichtlich der bisherigen Versorgung selbstverständlich *nicht* auf den Beginn der Mitgliedschaft des Abgeordneten im Parlament zurück; vielmehr wurde die Bezugsgröße entsprechend gekürzt.

Die rückwirkende Erhöhung der Versorgung ist klar verfassungswidrig. Sie stellt einen groben Missbrauch der Befugnisse des Abgeordnetenhauses dar (siehe auch Kapitel 3, S. 36). Artikel 53 der Verfassung von Berlin sieht eine *angemessene* Entschädigung vor;[97] die rückwirkende Erhöhung aber ist grob unangemessen.[98] Der Präsident des Abgeordnetenhauses hätte das Gesetz deshalb nicht gemäß Artikel 60 Absatz 2 der Berliner Verfassung ausfertigen dürfen. Das materielle Prüfungsrecht (samt Prüfungspflicht) von Gesetzen durch den Präsidenten ist zwar umstritten,[99] doch angesichts der besonders groben und offenkundigen Mängel des Gesetzes und der persönlichen Betroffenheit des Präsidenten als dessen Hauptprofiteur (siehe Kapitel 5, S. 54 ff.) wäre ein Einschreiten angezeigt gewesen.

Widerspruch zum Parteiprogramm

Die gewaltige Erhöhung der Versorgung und erst recht ihre Rückwirkung sowie ihre mögliche Gewährung bereits ab dem 57. Lebensjahr erscheinen auch im Hinblick auf die Programme der Grünen und der Linken[100] problematisch, die fordern, dass auch Abgeordnete sich der allgemeinen Rentenversicherung anschließen *müssen*. Die neu ins Abgeordnetenhaus eingefügte bloße *Möglichkeit,* sich der allgemeinen Rentenversicherung anzuschließen,[101] auf die die Betreiber des Projekts sich berufen,[102] wird dem nicht gerecht. Denn sie kann sich mit der beitragsfreien staatlichen Versorgung nach dem Abgeordnetengesetz auch nicht entfernt messen und dürfte von kaum jemandem gewählt werden, der die Anspruchsvoraussetzungen für die staatliche Versorgung erfüllt.

5. Wer erhält wie viel? – Musterrechnungen

Was die Neuregelung konkret bedeutet, sei im Folgenden an einigen Beispielen dargelegt. Dabei werden zuvörderst Abgeordnete genannt, die besondere Verantwortung für die Korrektheit der Regelungen im Abgeordnetenhaus und im Lande Berlin tragen, gleichzeitig aber von den unhaltbaren Bestimmungen in besonderer Weise profitieren. Im Übrigen ließen sich die Beispiele beliebig vermehren.

Der Präsident des Abgeordnetenhauses und seine Stellvertreterinnen

Ralf Wieland

Der Präsident des Abgeordnetenhauses, der gemäß § 6 Abs. 1 und 2 des Abgeordnetengesetzes eine *doppelte Entschädigung* bezieht, erhält statt bisher 7 888 Euro monatlich (3 944 mal 2) seit Jahresbeginn 2020 monatlich 12 500 Euro (6 250 mal 2).

Wieland hat bei der namentlichen Abstimmung dem Gesetz ausdrücklich zugestimmt. Er genehmigte sich also selbst eine »Gehaltserhöhung« von monatlich 4612 Euro (12500 minus 7888). In den Plenardebatten wurden die doppelte Erhöhung für den Präsidenten und die darauf beruhenden weiteren Steigerungen (siehe sogleich) nicht erwähnt und schon gar nicht begründet, auch nicht im Gesetzentwurf. Denn dieser enthält, wie ausgeführt, keinerlei Begründung. Der Präsident persönlich trägt die Verantwortung dafür, dass der Entwurf entgegen der zwingenden Vorschrift der Geschäftsordnung, die eine Begründung verlangt, im Abgeordnetenhaus verhandelt wurde. Er hätte den Gesetzesantrag auf seine förmlichen Voraussetzungen prüfen und ihn wegen fehlender Begründung beanstanden müssen.[103] Auch hätte er zur Überprüfung des verfassungswidrigen Entwurfs eine dritte Lesung im Plenum herbeiführen können.[104] Jedenfalls hätte er das Gesetz wegen seiner materiellen Verfassungswidrigkeit gar nicht ausfertigen dürfen (siehe Kapitel 4, S. 52).

Man fragt sich auch, wozu der Berliner Präsident nach der gewaltigen Erhöhung seiner Bezüge noch die steuerfreie *»Amtsaufwandsentschädigung«* von monatlich 1290 Euro[105] benötigt, die er zusätzlich zu seiner Aufwandsentschädigung als Abgeordneter bekommt und von der die Präsidenten anderer Landesparlamente nur träumen können. Sie ist sogar höher als die Amtsaufwandsentschädigung des Bundestagspräsidenten.[106]

Hinzu kommt, dass ehemalige Parlamentspräsidenten, die 18 Jahre Mitglied des Abgeordnetenhauses waren, in

Berlin das maximale Übergangsgeld von 18 Monaten erhalten, und zwar *in doppelter Höhe,* unabhängig davon, wie lange sie das Präsidentenamt ausgeübt haben.[107] (Siehe die Kritik daran in Kapitel 4, S. 38 f.) So hat Ralf Wieland, falls er zum Ende der Wahlperiode im Jahre 2021 ausscheidet, Anspruch auf Übergangsgeld in Höhe von monatlich 12 500 Euro, insgesamt also 225 000 Euro.

Am 11. Dezember 2021 wird Wieland 65 Jahre alt – und erhält nach seinem Ausscheiden 18 Monate lang Übergangsgeld. Ein solches *Übergangsgeld in den Ruhestand* läuft dem Sinn dieser Überbrückungszahlung direkt zuwider (zur Kritik daran siehe Kapitel 4, S. 37 f.).

Wieland wurde am 11. Dezember 2019 63 Jahre alt und gehört dem Abgeordnetenhaus seit November 1999 an. Seine 20-jährige Mitgliedschaft im Abgeordnetenhaus, die rückwirkend einbezogen wird[108] und das mögliche Versorgungsalter auf 57 Jahre absenkt,[109] verschafft ihm eine Anwartschaft auf Altersentschädigung in Höhe des Maximalbetrages von 65 Prozent der erhöhten Entschädigung,[110] also von monatlich 4 062,50 Euro. (Bisher wäre es nur eine Anwartschaft auf eine monatliche Altersentschädigung von 2 563,60 Euro gewesen [65 Prozent von 3 944]. Die Erhöhung der Diäten erhöht also allein seine *Anwartschaft als Abgeordneter* auf Altersentschädigung um 1 498,90 Euro [4 062,50 minus 2 563,60 Euro] monatlich.)

Da Wieland aber nicht nur Abgeordneter, sondern seit 27. Oktober 2011 (zum jetzigen Zeitpunkt also seit acht Jahren) Präsident des Abgeordnetenhauses ist, schlägt dieses Amt mit 26 Prozent der erhöhten Entschädigung auf seine Anwartschaft durch.[111] Das sind zusätzliche 1625 Euro. (Vor der Erhöhung der Entschädigung um 58 Prozent wären es 1025,44 Euro gewesen [26 Prozent von 3944 Euro]. Seine *Präsidenten-Anwartschaft auf Altersversorgung* wird durch die Erhöhung der Diäten also um 599,56 Euro [1625 minus 1025,44 Euro] erhöht.)

Durch die Aufstockung seiner doppelten Entschädigung, die hinsichtlich seiner Versorgung als Abgeordneter auf das Jahr 1999 und hinsichtlich seiner Zusatzversorgung als Präsident auf das Jahr 2011 zurückwirkt, hat Wieland also mit einem Schlag seine Anwartschaft auf Altersentschädigung um 2098,46 Euro (1498,90 plus 599,56 Euro) monatlich erhöht. Multipliziert mit 12, ergibt das 25181,52 Euro im Jahr. Falls Wieland nach dem Ende der Wahlperiode mit 65 Jahren ausscheidet, beträgt seine statistische Lebenserwartung 17,8 Jahre (siehe Tabelle 3). Multipliziert mit den 25181,52 Euro, ergibt das einen *Mehrwert von 448231,05 Euro*. Das ist die Größenordnung, um die der Präsident des Abgeordnetenhauses den Wert seiner Anwartschaft auf Altersentschädigung mit der von ihm selbst mitbeschlossenen Diätenerhöhung um 58 Prozent erhöht hat.

Die Versorgung wird allerdings auf das Übergangsgeld angerechnet, sodass Wieland nach seinem Ausscheiden in den ersten anderthalb Jahren »nur« das Übergangsgeld von monatlich 12500 Euro und danach »lebenslänglich« die kraft Rückwirkung erhöhte Altersentschädigung erhält. Unter Einbeziehung des in seiner Legitimität zweifelhaften Übergangsgeldes erhöht sich der Mehrwert also noch weiter. Nicht berücksichtigt ist allerdings die mögliche Anrechnung eines Versorgungsanspruchs aus früherer Tätigkeit von Wieland in der Verwaltung. Da aber die Erhöhung der Entschädigung um 58 Prozent auch den anrechnungsfreien Betrag entsprechend erhöht,[112] dürfte dieser Faktor die Größenordnung nicht wesentlich ändern.

Eine missbräuchliche »Selbstbedienung« kann hier alles in allem schwerlich verneint werden.

Die Vizepräsidentinnen

Die beiden Vizepräsidentinnen des Abgeordnetenhauses Dr. Manuela Schmidt (Die Linke) und Cornelia Seibeld (CDU), die nach § 6 Absatz 1 und 2 des Abgeordnetengesetzes eine eineinhalbfache Diät bekommen, haben dem Gesetz in der namentlichen Abstimmung ebenfalls zugestimmt und sich ab Jahresbeginn 2020 eine monatliche »Gehaltserhöhung« von 3 459 Euro bewilligt. Die 56-jährige Schmidt gehört dem Abgeordnetenhaus seit 2011 an, die 45-jährige Seibeld seit 2006. Beide haben mit dem Erhöhungsbeschluss vom 26. September 2019 auch den Wert ihrer Versorgungsanwartschaften stark aufgestockt.

Senatsmitglieder im Abgeordnetenhaus

Michael Müller, Regierender Bürgermeister

Die Erhöhung der Entschädigung bringt dem Regierenden Bürgermeister, der zugleich Mitglied des Abgeordnetenhauses ist, ab Beginn des Jahres 2020 einen Einkommenszuschlag von monatlich 1153 Euro. Dabei erscheint eine solche gleichzeitige Doppelmitgliedschaft in Regierung und Parlament mit dem Grundsatz der Gewaltenteilung von Legislative und Exekutive nur schwer vereinbar (siehe Kapitel 4, S. 43 f.). Dennoch erhalten Senatsmitglieder, wenn sie gleichzeitig Abgeordnete sind, nach § 21 Absatz 1 des Abgeordnetengesetzes eine halbe Entschädigung (ab 1.1.2020: 3125 Euro). Das Mehr gegenüber der bisher geltenden Regelung beträgt 1153 Euro (3125 minus 1972 Euro).

Auch Müller, der das Gesetz gezeichnet und es gemäß Artikel 60 Absatz 2 der Berliner Verfassung verkündet hat, hatte bei der Beschlussfassung über das Gesetz mit »Ja« gestimmt. Warum er überhaupt eine Erhöhung bekommt, obwohl er mit seinem Amt als Regierender Bürgermeister schon bisher voll ausgelastet war, also kaum etwas für sein Mandat tun konnte, ist nicht ersichtlich. Die neu eingeführte sogenannte Mittelpunktsregelung für Abgeordnete, wonach die Ausübung des Mandats im Mittelpunkt der Tätigkeit eines Mitglieds des Abgeordnetenhauses steht,[113] ist für ihn von vornherein gar nicht erfüllbar. Der Erhöhungsbeschluss ist somit auch für den Regierenden Bürgermeister als missbräuchliche Entscheidung in eigener Sache zu qualifizieren.

Am 9. Dezember 2019 wurde Michael Müller 55 Jahre alt. Er ist seit 1996, seit 24 Jahren, Mitglied des Abgeordnetenhauses, kann als Abgeordneter also die Höchstpension von 4062,50 Euro (Stand: 1.1.2020) erwarten. Sollte er zum Ende der laufenden Wahlperiode in 2021 ausscheiden, hat er Anspruch auf Altersentschädigung in dieser Höhe. Denn sie wird bei seiner langen Mandatszeit bereits ab Alter 57 fällig.[114]

Seit 2011 ist Müller Mitglied des Senats. Er wird daraus bis Ende 2021 eine Versorgungsanwartschaft von 42,08 Prozent seiner aktiven Bezüge erlangt haben. Setzt man Müllers Amtsbezüge mit monatlich 17000 Euro an, so ergibt sich ein Ruhegeldanspruch von 7153,60 Euro. Zwar wird dieses Ruhegeld teilweise mit der Altersentschädigung als Abgeordneter verrechnet. Da aber aufgrund der Diätenerhöhung auch der anrechnungsfreie Betrag zunimmt,[115] führt die Erhöhung von Entschädigung und Altersentschädigung zu einer – großenteils rückwirkungsbedingten – Mehr-Pension von 1875,37 Euro monatlich. Bei einer statistischen Lebenserwartung eines 57-jährigen Mannes von etwa 23,5 Jahren (vgl. Tabelle 3 im Anhang) erhöht sich der Wert der Versorgungsanwartschaft aufgrund der Anhebung von Entschädigung und Altersentschädigung um 528854,34 Euro (1875,37 mal 12 mal 23,5). Zu rechtfertigen ist das nicht.

Bürgermeisterin und Senatorin

Neben dem Regierenden Bürgermeister erhalten auch andere Mitglieder des Senats mit Abgeordnetenmandat aufgrund der Erhöhung der Entschädigung einen Gehaltszuschlag von monatlich 1 153 Euro und vermehrte Versorgung; konkret:

- Ramona Pop (Bündnis 90/Die Grünen),
  Bürgermeisterin, *31.10.1977,
  Mitglied des Abgeordnetenhauses seit 2001
- Dilek Kalayci (SPD), *7.2.1967,
  Mitglied des Abgeordnetenhauses seit 2001

Beide haben dem Erhöhungsgesetz zugestimmt.

Die Vorsitzenden der Fraktion Die Linke

Udo Wolf

Wolf erhält neben der Entschädigung als Abgeordneter von seiner Fraktion als deren Vorsitzender eine monatliche »Aufwandsentschädigung« in gleicher Höhe.[116] Beide zusammen ergaben bisher 7 888 Euro. Mit dem Inkrafttreten des Änderungsgesetzes, also ab Beginn des Jahres 2020, sind das 12 150 Euro monatlich, vorausgesetzt dass der Fraktionsbeschluss vom März 2019 auch künftig in Geltung bleibt und die Zulage nicht zwischen den beiden

Co-Vorsitzenden aufgeteilt wird. Für Wolf bringt die Erhöhung der Abgeordnetenentschädigung dann ein Mehr von 4612 Euro monatlich. Das dürfte auch das Muster für die Bezahlung von Vorsitzenden anderer Fraktionen sein (außer den Grünen, die anscheinend keine derartigen Funktionszulagen kennen, wie der geringe Betrag für Funktionszulagen in ihrem Rechenschaftsbericht signalisiert, siehe Kapitel 4, S. 46).

Wolf ist am 27. Juli 1962 geboren, also zum jetzigen Zeitpunkt (Ende 2019) 57 Jahre alt, und seit November 2001 Mitglied des Abgeordnetenhauses. Zum Ende der Wahlperiode wird er 59 Jahre alt und 20 Jahre Parlamentarier gewesen sein, also eine Anwartschaft auf die Höchstversorgung haben. Daraus errechnet sich, wenn er dann ausschiede, eine Erhöhung der jährlichen Anwartschaft auf Altersentschädigung in Höhe von 17986,8 Euro (siehe Tabelle 5 im Anhang). Seine statistische Lebenserwartung beträgt dann noch etwa 22,3 Jahre. Multipliziert man damit, ergibt sich eine Erhöhung des Werts seiner Anwartschaft auf Altersentschädigung um rund 400000 Euro. Scheidet er später aus, verringert sich die statistische Lebenserwartung entsprechend.

Ausweislich der namentlichen Abstimmung hat Wolf der Erhöhung zugestimmt.

Carola Bluhm

Für die Erhöhung der Entschädigung und der Zulage als Fraktionsvorsitzende gilt für Bluhm das Gleiche wie für Wolf. Was die Steigerung ihrer Rentenanwartschaft anlangt, ergibt sich Folgendes: Im Herbst 2021 wird Bluhm 59 Jahre alt sein. Sie war von 1991 bis 2009 und ist seit 2011 wieder Mitglied des Abgeordnetenhauses, am Ende der Wahlperiode also 28 Jahre lang. Sie wird dann eine Anwartschaft auf die Höchstversorgung haben. Die statistische Lebenserwartung einer 59-Jährigen beträgt rund 26,5 Jahre. Damit steigt der Wert ihrer Versorgungsanwartschaft aufgrund der Erhöhung der Entschädigung um rund 475 000 Euro (siehe Tabelle 5 im Anhang). Bei der Abstimmung über die Diätenerhöhung fehlte sie offenbar im Abgeordnetenhaus.

Weitere Fälle

Ülker Radziwill (SPD)

Radziwill wurde am 10. Juni 2019 53 Jahre alt. Sie ist seit November 2001 Mitglied des Abgeordnetenhauses, am Ende der Wahlperiode also 20 Jahre lang. Sie wird ab Vollendung ihres 57. Lebensjahres im Jahr 2023 eine Anwartschaft auf die Höchstversorgung haben. Scheidet sie nach der nächsten Wahlperiode, also im Jahr 2026, aus, so beträgt die statistische Lebenserwartung der dann 60-Jährigen 25,28 Jahre. Der Wert ihrer Anwartschaft auf Alters-, Invaliditäts- und Hinterbliebenenversorgung wird aufgrund der Erhöhung der Entschädigung um rund 455 000 Euro anwachsen.

Radziwill hat der Erhöhung ebenfalls zugestimmt.

Karin Halsch (SPD)

Halsch wurde am 17. September 2019 59 Jahre alt. Sie ist seit November 1999 Mitglied des Abgeordnetenhauses, also 20 Jahre lang. Auch sie hat eine Anwartschaft auf die Höchstversorgung. Am Ende der Wahlperiode beträgt die statistische Lebenserwartung der 61-Jährigen rund 24,5 Jahre. Der Wert ihrer Anwartschaft auf Versorgung steigt aufgrund der Erhöhung der Entschädigung um rund 441 000 Euro.

Bei der Abstimmung über die Erhöhung stimmte auch sie mit Ja.

Frank Henkel (CDU), ehemaliger Bürgermeister

Henkel ist am 16.11.1963 geboren, jetzt also 56 Jahre alt. Er ist seit dem 31.10.2001, seit 18 Jahren, Mitglied des Abgeordnetenhauses. Von Dezember 2011 bis Dezember 2016, fünf Jahre lang, war er Bürgermeister und Senator für Inneres und Sport. Das ergibt eine Pension von 30,13 Prozent seines Bürgermeistergehalts. Geht man von einer

Höhe von 12 840 Euro aus,[117] so beträgt die daraus fließende Pension 3 869 Euro. Neben der künftigen Entschädigung von 6 250 Euro werden ihm nach § 21 Absatz 2 des Abgeordnetengesetzes 50 Prozent der Versorgung angerechnet. Er erhält demnach 8 184,50 Euro monatlich.

Diese Regelung ist sehr viel günstiger als die des Bundes,[118] bei der das Pensionsalter des ehemaligen Ministers deutlich höher liegt und 80 Prozent der Versorgung gestrichen würden; Henkel erhielte dann nur 7 023,80 Euro (siehe Kapitel 4, S. 40 ff.).

6. Ein Mehrwert von zig Millionen für 160 Abgeordnete

Den Gesetzentwürfen des Bundes und vieler Länder werden regelmäßig ihre fiskalischen Auswirkungen vorangestellt, um die Öffentlichkeit und auch die Abgeordneten selbst über das finanzielle Gewicht der geplanten Maßnahme zu informieren. Beim Entwurf der fünf Fraktionen des Berliner Abgeordnetenhauses war dies nicht der Fall, und auch bei den Haushaltsberatungen im Herbst 2019 wurden die gravierenden Auswirkungen der rückwirkenden Erhöhung von Übergangsgeld und Renten nicht genannt. Deshalb soll die finanzielle Größenordnung der Bewilligungen, zu der das selbst beschlossene Gesetz führt, sprich: der Umfang des »unziemlichen Griffs in die Staatskasse« (siehe Kapitel 8), hier zumindest überschlagsweise skizziert werden.

Mehr an Entschädigung allein in der laufenden Wahlperiode: 7,7 Millionen Euro

Die Erhöhung der Entschädigung um monatlich 2306 Euro führt für die 160 Abgeordneten im Jahre 2021 zu einem Mehr von 4,4 Millionen Euro und 2022 in den voraussichtlich neun verbleibenden Monaten der Wahlperiode zu weiteren 3,3 Millionen Euro – das summiert sich zu 7,7 Millionen Euro Mehrbelastung. Für Abgeordnete, die 2021 und später wiedergewählt werden, steigt der »Ertrag« ihres Beschlusses vom 26. September 2019 entsprechend weiter an.

Mehr an Übergangsgeld: 3,7 Millionen Euro

Unterstellt man eine durchschnittliche Mandatszeit von zehn Jahren, so erbringt der Beschluss vom September 2019 den 160 Mitgliedern des Abgeordnetenhauses ein Mehr an Übergangsgeld in Höhe von 3,7 Millionen Euro.

Mehrwert der Alters-, Invaliditäts- und Hinterbliebenenanwartschaft der 160 Abgeordneten: 40 Millionen Euro

Der Wert der selbst bewilligten Steigerung der Rentenanwartschaften für die derzeitigen 160 Mitglieder des Abgeordnetenhauses beträgt gegenwärtig rund 40 Millionen

Euro. Dabei wird eine Rechnung in Anlehnung an Tabelle 5 (siehe Anhang) vorgenommen und unterstellt, dass je ein Viertel der derzeitigen Abgeordneten eine, zwei, drei oder mindestens vier Wahlperioden im Abgeordnetenhaus verbleibt und die statistische Lebenserwartung beim Ausscheiden zwischen 20 und 28 Jahren beträgt. Zusammen mit den 11,4 Millionen Euro für das Mehr an Entschädigung und Übergangsgeld ergibt sich eine Gesamtsumme von 51,4 Millionen Euro. Das bedeutet, dass im Durchschnitt jeder der 160 Abgeordneten mit rund 320 000 Euro von dem Beschluss vom 26.9.2019 profitiert.

In einem Schreiben vom 17. Oktober 2019 an den für alle Haushaltsfragen zuständigen Hauptausschuss schlüsselte der Präsident des Abgeordnetenhauses Ralf Wieland die Mehraufwendungen auf, die aufgrund der neuen Regelungen für Abgeordnete in den Jahren 2020 und 2021 entstehen. Das Übergangsgeld und die Altersentschädigung der derzeitigen Abgeordneten erwähnte er dabei nicht, obwohl die Mehraufwendungen dafür zu einem Teil bereits in den letzten Monaten des Jahres 2021 anfallen werden. Auch der Hauptausschuss umging in seiner Sitzung vom 27. November 2019 diese Thematik.[119]

7. »Ein Stück aus dem Tollhaus«

Ein Grund für die mangelnde Bereitschaft, das Abgeordnetenhaus zu verkleinern, und für die gewaltige Erhöhung von Entschädigung und Versorgung dürfte in den Verlusten der Volksparteien bei der letzten Wahl zum Abgeordnetenhaus liegen. Bei der Wahl 2016 hat die SPD 6,7 Prozentpunkte verloren (von 28,3 Prozent auf 21,6 Prozent), die CDU verlor 5,8 Prozentpunkte (von 23,4 Prozent auf 17,6 Prozent). Die Aufblähung des Abgeordnetenhauses hat den Verlust ihrer Mandate zwar in Grenzen gehalten (SPD minus 9 Mandate; CDU minus 8). Viele Abgeordnete müssen wegen der fortschreitenden Verluste ihrer Parteien aber damit rechnen, 2021 auszuscheiden. Da mag dann die gewaltige Erhöhung der Versorgungsansprüche einen finanziellen Trost bieten.

Wie willkürlich die Regelung ist, zeigt sich im bereits erwähnten völligen Fehlen einer Begründung des Gesetzentwurfs, obwohl Geschäftsordnung und Verfassung eine solche zwingend verlangen, wie auch in der ebenfalls verfassungswidrigen Rückwirkung der Versorgung. Das ganze am 26. September 2019 beschlossene Projekt ist geradezu eine Demonstration von Macht und Willkür, ein »Musterfall« unangemessener »Selbstbedienung«.

Eine ähnlich willkürliche Erhöhung, damals der Fraktionsmittel, hatte das Abgeordnetenhaus auf Antrag der SPD, der Linken und der Grünen[120] im Jahre 2017 vorgenommen und die Beträge pro Fraktionsmitglied gewaltig erhöht: von 28 428 Euro auf 49 716,18 Euro jährlich. Das war eine Aufstockung um 75 Prozent. Auch hier enthielt der Gesetzentwurf – entgegen der Geschäftsordnung – keinerlei Begründung. In der zweiten Lesung des Gesetzes – die erste Lesung fiel aus – war dafür ebenfalls keine überzeugende Begründung erkennbar,[121] sondern lediglich von einer angeblichen Verbesserung der Demokratie und Intensivierung der Kontrolle des Senats die Rede.[122] Dass Senatsmitglieder aber gleichzeitig Mitglieder des Abgeordnetenhauses sein können und sogar der Regierende Bürgermeister dem Parlament, das ihn kontrollieren soll, selbst angehört, macht alle Kontrollschwüre zur Farce.

Zudem wurde stets die Finanzierung der Mitarbeiter der Fraktionen vorgeschoben; dass es auch um Funktionszulagen für Abgeordnete ging, wurde nicht erwähnt. Die CDU nannte die willkürliche Anhebung der Fraktionsmittel »ein Stück aus dem Politikverdrossenheit fördernden Tollhaus«,[123] eine Bezeichnung, die auf den jüngsten Diäten- und Versorgungscoup erst recht zutrifft.

Im Übrigen ist bemerkenswert, wie sich damals und heute die zentrale Begründung gleicht: Es gehe um die Intensivierung der Kontrolle. Nur waren damals die CDU und die FDP bei den Betreibern der Neuregelung nicht dabei, wohl aber bei ihren Nutznießern. Sollte die »erfolgreiche« Durchsetzung damals die Fraktionen ermutigt haben, nun zum ganz großen Coup auszuholen?

8. Entscheidungen in eigener Sache

Kontrollen sind unerlässlich

Das zentrale Problem besteht darin, dass das Abgeordnetenhaus mit seinem Beschluss vom 26. September 2019 sowohl über seine Größe als auch über die Bezahlung seiner Mitglieder *in eigener Sache* entschied. Deshalb ist auf diese Problematik noch kurz einzugehen. Generell gilt im demokratischen Rechtsstaat der Grundsatz: Wer für andere tätig wird, darf nur in deren Interesse entscheiden. Wer etwa fremdes Vermögen betreut, darf nicht in die eigene Tasche wirtschaften. Um nicht in Versuchung geführt zu werden, sind Betroffene grundsätzlich von der Entscheidung ausgeschlossen. Solches Entscheiden in eigener Sache verbietet schon das Bürgerliche Gesetzbuch (§ 181), auch dem Verwaltungsbeamten ist es untersagt (§§ 20 und 21 Verwaltungsverfahrensgesetz). Und für Richter gilt seit alters der Grundsatz, dass niemand urteilen darf, der selbst betroffen ist (»nemo iudex in sua causa«).

Was der Zweiten und Dritten Gewalt verboten ist, praktiziert die Erste Gewalt, also die Legislative, aber ständig, wenn es um Beschlüsse über Diäten oder das Wahlrecht (und damit auch um die Größe des Parlaments) geht. Das Parlament fühlt sich dazu durch die Verfassung ermächtigt. Denn diese verlangt eine gesetzliche Regelung, und Gesetzgeber ist in der parlamentarischen Demokratie nun einmal das Parlament. So heißt es hinsichtlich der Diäten in Artikel 53 der Verfassung von Berlin: »Die Abgeordneten erhalten eine angemessene Entschädigung. Alles Nähere wird durch Gesetz bestimmt.« Und hinsichtlich des Wahlrechts heißt es in Artikel 39 Absatz 5 der Verfassung: »Alles Nähere [...] wird durch das Wahlgesetz geregelt.«

Das Problem der Gesetzgebung in eigener Sache haben schon die geistigen Väter der parlamentarischen Demokratie erkannt. James Madison, der Vater der amerikanischen Verfassung und Autor der *Bill of Rights*, machte deshalb schon im Jahre 1789 den Vorschlag, die US-Verfassung dahingehend zu ergänzen, dass jede Erhöhung von Abgeordnetenbezügen erst nach der nächsten Wahl wirksam wird. Dem Volk sollte die Möglichkeit gegeben werden, in der Wahlkabine seine Meinung zu Diätenerhöhungen zu äußern. Dadurch sollte das Parlament von vornherein zur Mäßigung veranlasst werden. Madison empfand es schlicht als unziemlich, »wenn irgendeine Gruppe unkontrolliert mit der Hand in die Staatskasse greift, um daraus Geld in die eigene Tasche zu stecken«.[124]

Madison regte deshalb im englischen Originaltext einen Zusatz zur Verfassung an, der in einem merkwürdigen, sich über zwei Jahrhunderte erstreckenden Verfahren 1992 als 27. Amendment endgültig Gestalt annahm. Ins Deutsche übersetzt, lautet er: »Ein Gesetz, welches das Entgelt für die Dienste der Senatoren und Abgeordneten ändert, soll so lange nicht in Kraft treten, bis nicht zuvor eine Wahl der Volksvertreter stattgefunden hat.«

Im Klartext: Die Parlamentarier dürfen nicht mitten in einer Legislaturperiode für sich selbst eine Diätenerhöhung beschließen.[125]

Ein entsprechender Antrag wurde am 4. Oktober 1848 in der französischen Nationalversammlung gestellt. Die deutsche Übersetzung lautet: »Jeder Volksvertreter erhält eine Entschädigung, auf die er nicht verzichten kann und die durch ein Gesetz der voraufgegangenen Legislaturperiode bestimmt wird.«[126]

Am Vorabend der Demokratie wurde auch in Deutschland die Frage erörtert, wie Volksvertreter daran gehindert werden könnten, »in unkontrollierbarer Weise selbstsüchtige Diätenpolitik zu treiben«. Der Staatsrechtler Julius Hatschek schlug vor, gleichsam einen stillschweigenden Vertrag der Abgeordneten mit ihren Wählern anzunehmen, »keine höhere Entschädigung, als die zur Zeit der Wahl gesetzlich feststehende für sich entgegennehmen zu wollen«.[127]

Dennoch hat das Grundgesetz keine Vorkehrungen getroffen, um missbräuchlichen Entscheidungen über die eigene Bezahlung der Abgeordneten oder über die Größe des Parlaments von vornherein vorzubeugen. Das erweist sich als umso misslicher, je stärker die immer mehr um sich greifende staatliche Politikfinanzierung sich ausgewachsen hat. Die Übergröße der Parlamente ist ohnehin ein Phänomen, das erst in jüngster Zeit beängstigende Ausmaße annimmt.

Immerhin hat das Bundesverfassungsgericht das Problem von Entscheidungen des Parlaments in eigener Sache erkannt und die Notwendigkeit von Kontrollen hervorgehoben: Bei den Diäten betonte es die Notwendigkeit, Statusänderungen erst mit Wirkung ab der nächsten Wahlperiode in Kraft zu setzen[128] und damit eine Kontrolle durch die Wähler zu ermöglichen. Zugleich hebt es die Unerlässlichkeit wirksamer öffentlicher Kontrolle hervor.[129] Bei der Parteienfinanzierung sprach sich das Gericht für die Einschaltung unabhängigen Sachverstandes aus;[130] und bei wahlrechtlichen Sperrklauseln erkannte es die Notwendigkeit »einer strikten verfassungsgerichtlichen Kontrolle«.[131]

Ausschaltung der Kontrollen

Gerichtliche Kontrolle setzt allerdings voraus, dass Klagewillige auch ein Klagerecht besitzen. Das fehlt dem Bürger, wenn es um missbräuchliche Diätenerhöhungen geht, und ein Klagerecht für einschlägige Verbände wie im Umweltrecht ist bisher nicht vorgesehen. Ob Abgeordnete klagen könnten, zum Beispiel gegen die verfassungswidrige Rückwirkung, erscheint fraglich. Denn dafür bedarf es einer eigenen Benachteiligung, und in diesem Fall wäre der finanzielle Status des Klägers ja nicht verschlechtert worden.

Jedenfalls ist von einer solchen Klage auch bei denen, die gegen das Gesetz gestimmt haben, nichts zu vernehmen. Umso wichtiger wäre es gewesen, wenn der Präsident des Abgeordnetenhauses seines Amtes gewaltet und den wegen fehlender Begründung mangelhaften Gesetzentwurf gerügt oder wenigstens das verfassungswidrige Gesetz nicht ausgefertigt hätte. Doch er, der von dem Gesetz in besonderer Weise profitiert, ließ den Entwurf passieren und unterschrieb das Gesetz (siehe S. 54 f.).

Unabhängigen Sachverstand einzuschalten, dessen Einbeziehung auch die Berliner Enquete-Kommission »Verfassungs- und Parlamentsreform« bei Entscheidungen des Abgeordnetenhauses in eigener Sache angeregt hatte,[132] hüteten sich die Parlamentarischen Geschäftsführer der fünf Fraktionen. Hätte es eine Sachverständigenkommission gegeben, hätten die Betreiber der Gesetzesänderung bei der Begründung der Diätenerhöhung nicht von falschen Bezugsgrößen ausgehen können (siehe Kapitel 2, S. 25 ff.). Sachverständige hätten diese Täuschung der Öffentlichkeit aufgedeckt. Dann hätten die Parlamentarischen Geschäftsführer auch nicht die Rückwirkung bei der Versorgung (Kapitel 2, S. 29 f.) durchsetzen können. Sachverständige hätten verhindert, dass diese völlig unangemessene Regelung (siehe Kapitel 4, S. 51 f.) der Öffentlichkeit verborgen geblieben wäre.

Die Rückwirkung vor der Öffentlichkeit zu verstecken und dadurch die öffentliche Kontrolle auszuhebeln ist den Geschäftsführern gerade dadurch gelungen, dass sie die in der Geschäftsordnung (und der Verfassung) vorgeschriebene Begründung im Gesetzesantrag unterließen. Auch die Inkraftsetzung der Neuregelung mitten in der Wahlperiode (und nicht erst zu Beginn der künftigen, siehe Kapitel 2, S. 28) wäre sicher auf geharnischten Widerstand von Sachverständigen und Öffentlichkeit gestoßen. Sachverständige hätten den Geschäftsführern bei der Ablehnung einer Rückführung des Abgeordnetenhauses auf 130 Mitglieder auch nicht die Behauptung durchgehen lassen, 160 Abgeordnete seien für ein Land mit 3,64 Millionen Einwohnern ganz normal (siehe Kapitel 1, S. 14 ff.).

Ausschaltung der Öffentlichkeit

Öffentlichkeit ist bei Entscheidungen, mit denen das Parlament sich selbst begünstigt, besonders wichtig. Dies haben auch die Betreiber des Gesetzes insofern bestätigt, als sie demonstrierten, wozu ein Parlament fähig ist, wenn es ihm gelingt, die öffentliche Kontrolle auszuschalten. Durch eine raffinierte Verknüpfung von *Fakes and Facts* und durch Unterdrückung wesentlicher Gegebenheiten haben es die Gesetzesmacher insgesamt verstanden, gegenüber der Öffentlichkeit den Eindruck zu erwecken, als wären 160 Abgeordnete und die Anhebung der Entschädigung um 58 Prozent für ein Berliner Landesparlament weitgehend normal. Dabei wurden unpassende Vergleichsgrößen auf betrügerische Weise passend gemacht und besonders heikle Punkte gezielt unter der Decke gehalten, wie die Anhebung der Versorgung um ebenfalls 58 Prozent, die Rückwirkung, die »altgedienten« Abgeordneten ein Geschenk von bis zu einer halben Million Euro beschert, und die Selbstbegünstigung prominenter Abgeordneter.

Das Bundesverfassungsgericht hat Öffentlichkeit als einzig wirksame Kontrolle bezeichnet, wenn das Parlament in eigener Sache entscheidet.[133] Doch dafür hätte es in Berlin bestimmter Voraussetzungen bedurft, wie der (rechtlich durchaus vorgeschriebenen) Begründung von Gesetzesvorhaben, die allerdings beseitigt wurden. Im Übrigen sind in der parlamentarischen Demokratie alle Institutionen, an welchen öffentliche Kontrolle ansetzen und wirksam werden kann, auf Öffentlichkeit angewiesen: Der vom Gericht ebenfalls hervorgehobene »objektive Sachverstand«, ohne den verkomplizierte Gesetze nicht zu entschlüsseln sind, hat keine Exekutive und kann nur über Öffentlichkeit Wirkung entfalten. Auch die Erkenntnis, dass das neue Abgeordnetengesetz verfassungswidrig ist, hätte durchaus Wirkung entfalten können, auch wenn niemand zum Verfassungsgericht klagen kann oder will. Aber dafür hätte die Verfassungswidrigkeit erst einmal glaubhaft dargelegt werden müssen – *vor* der Beschlussfassung des Abgeordnetenhauses. Nicht zuletzt hätte das Haus nach Artikel 44 Absatz 3 der Verfassung von Berlin »zur Vorbereitung von Entscheidungen über umfangreiche oder bedeutsame Sachverhalte in einem Lebensbereich Enquete-Kommissionen« einsetzen können. Wo sonst als bei der umfassenden Umgestaltung des Abgeordnetenhauses, die das neue Abgeordnetengesetz bewirkt, wäre eine solche Kommission angebracht gewesen? Geschehen ist nichts davon.

Irreführung durch Verlagerung der Diskussion

Die Debatten im Abgeordnetenhaus von 2017 (um die Erhöhung der Fraktionsmittel) und von 2019 (um die Erhöhung der Entschädigung und Versorgung der Abgeordneten) zeigen, dass die Initiatoren damit ohne auch nur halbwegs tragfähige sachliche Begründung durchkamen und sich stattdessen auf die Beschimpfung der AfD konzentrieren konnten, deren Fraktion bei der Abstimmung über das neue Gesetz geschlossen mit Nein votiert hatte. Die Verfechter der Neuregelung argumentierten nach dem Strickmuster: Wenn die AfD-Parlamentarier, diese »Verächter der parlamentarischen und Parteiendemokratie«, gegen die Erhöhung votieren und sie eine »dreiste und unverschämte Selbstbedienung zu Lasten der Steuerzahler« nennen, könne die Kritik an der Erhöhung ja nur »populistisch« sein. Im Umkehrschluss sei das Vorhaben dann »ebenso gut begründet wie sachgerecht« und müsse im Interesse der Demokratie liegen.[134]

Kurz: Die pauschale Diffamierung der AfD droht jede Kritik, mag sie auch noch so berechtigt sein, zu kontaminieren, wenn auch die AfD sie teilt. Sollte die Rückwirkung bei der Versorgung vielleicht nur deshalb über alle Kritik erhaben sein, weil alle Abgeordneten der AfD, die ja erst 2016, vor drei Jahren, gewählt wurden, davon zunächst kaum profitieren können? Denn eine Pensionsanwartschaft gibt es erst nach achteinhalb Jahren...

Wer das Ausbleiben der Verkleinerung des Abgeordnetenhauses und die unbegründete Diätenerhöhung mit all ihren misslichen Folgen kritisiert, wie der Verfasser, mag sich dabei an das bekannte Wort erinnern: »Gott schütze mich vor meinen Unterstützern, mit meinen Gegnern werde ich schon allein fertig.«[135]

Hier zeigt sich der Zwiespalt, in dem der Verfasser als Wissenschaftler wie auch eine Publikation wie dieses Buch stecken: Wie kann man sachliche Kritik vorbringen, wenn man Gefahr läuft, dass sie zugunsten einer Strömung instrumentalisiert wird, die man nicht unbedingt unterstützen möchte? Und wie kann sachliche Kritik in den öffentlichen Diskurs einfließen, wenn auf der anderen Seite – aus Argwohn, hier werde vielleicht gegen das parlamentarische System als solches geschossen – die Neigung wächst, sich aus diesen Gründen erst gar nicht damit zu beschäftigen?

Dann würde man systemkritischen Bewegungen das Monopol darauf geben, bestehende Mängel unserer Demokratie zu thematisieren. Das darf nicht sein. Denn dann würde man ein Wesensmerkmal funktionierender Demokratie dreingeben, dass sie nämlich sachliche Kritik erlaubt und sich dadurch die Möglichkeit erhält, Mängel zu beseitigen. Das unterscheidet sie von autoritären Systemen, die mangels öffentlicher Kritik am Ende zu kollabieren drohen.

Es geht dem Verfasser in diesem Buch nicht um eine pauschale Verurteilung der parlamentarischen Demokratie, sondern um die konkrete Analyse des Berliner Abgeordnetengesetzes und um die Sicherung der nötigen Kontrollen bei Entscheidungen des Parlaments in eigener Sache. Es sind missbräuchliche Gesetze wie das Berliner Abgeordnetengesetz, die die parlamentarische Demokratie (und die Zustimmung der Menschen zu diesem System) in Verruf zu bringen drohen – nicht die notwendige Kritik daran.

9. Abhilfe durch direkte Demokratie?

Mitentscheidung durch die Vertretenen als Alternative zur Selbstbewilligung der Vertreter

Angesichts der Ausschaltung aller anderen Kontrollen kann in Berlin vielleicht nur noch direkte Demokratie helfen: sowohl gegen die Übergröße des Hauses als auch gegen den gewaltigen »Griff in die Staatskasse« (siehe Kapitel 8).

Die Aussage des Bundesverfassungsgerichts im Diätenurteil, bei Abgeordnetendiäten lasse es sich »nicht vermeiden, dass das Parlament in eigener Sache entscheidet«,[136] gilt nur für die rein parlamentarische Demokratie des Bundes, nicht aber in Bundesländern wie Berlin, wo neben dem parlamentarischen Gesetzgeber auch der direktdemokratische Gesetzgeber zur Verfügung steht.

In Fällen, in denen es – wie hier – zwei konkurrierende Akteure gibt, hat das Bundesverfassungsgericht im Zweifel die Zuständigkeit desjenigen Organs angenommen, welches für die Wahrnehmung der jeweiligen Aufgabe strukturell besser geeignet ist. Demzufolge sollen staatliche Entscheidungen – im Interesse »der Verteilung von politischer Macht und Verantwortung sowie der Kontrolle der Machtträger« und, damit die Entscheidungen »möglichst richtig« ausfallen – »von den Organen getroffen werden, die dafür nach ihrer Organisation, Zusammensetzung, Funktion und Verfahrensweise über die besten Voraussetzungen verfügen, und [auf diese Weise] auf eine Mäßigung der Staatsgewalt insgesamt hinwirken«.[137]

Entscheiden nun die Abgeordneten selbst über ihren finanziellen Status und darüber, auf welche Weise sie gewählt werden und wie viele Mitglieder das Parlament umfassen kann, ist das geradezu das Gegenteil der Machtmäßigung, auf die die Verfassung zielt. Bei solchen Entscheidungen ist das Parlament in eigenen Interessen befangen, wie ja auch der Gesetzesbeschluss des Abgeordnetenhauses vom September 2019 bestätigt. Deshalb erscheint es durchaus sinnvoll, dass die Bürger darüber mitentscheiden, wie ihre Vertreter bezahlt und gewählt werden, und dass diese darüber nicht allein bestimmen.

Diese Situation könnte geradezu eine Steilvorlage sein für Bürger und Verbände wie den Bund der Steuerzahler, Mehr Demokratie oder andere Organisationen, sich der direkten Demokratie zu bedienen. Dagegen spräche nur, wenn man einen Kuschelkurs gegenüber der politischen Klasse fahren wollte, um es sich mit dieser nicht zu verderben, oder sich durch eigene Funktionäre im Abgeordnetenhaus vertreten sähe.

Wer mittels direkter Demokratie gegen den Missbrauch vorgehen will, kann einerseits ein neues Wahlrecht konzipieren, welches das Abgeordnetenhaus verkleinert. Andererseits kann er zum Beispiel darauf hinwirken, dass das im September 2019 beschlossene Abgeordnetengesetz ganz oder zum Teil wieder aufgehoben oder sein Inkrafttreten zumindest auf den Beginn der nächsten Wahlperiode verschoben wird. Um das Verfahren nicht zu überfordern, empfiehlt es sich aber, nur an einer der Möglichkeiten anzusetzen.

Direkte Demokratie in Berlin

Volksgesetzgebung ist ein dreistufiges Verfahren, das den Antrag, das Volksbegehren und den Volksentscheid umfasst. Den Antrag auf Einleitung eines Volksbegehrens müssen in Berlin 20 000 Wahlberechtigte unterzeichnen. Betrifft es eine Verfassungsänderung, sind 50 000 Unterschriften erforderlich.[138] Vor Beginn des Antragsverfahrens hat die Senatsverwaltung die Kosten zu schätzen, zu denen der Volksentscheid führen wird, falls er Erfolg hat.[139] Die Unterschriften können frei gesammelt werden, also auch in der Fußgängerzone oder an der Haustür. Die Senatsverwaltung prüft sodann die Zulässigkeit.

Über das »Landeshaushaltsgesetz« darf kein Volksbegehren vorgenommen werden.[140] Dieser Ausschlusstatbestand dürfte beim Vorgehen gegen das Abgeordnetengesetz aber schon deshalb nicht greifen, weil es bei einer Senkung der Diäten nicht zu mehr, sondern zu weniger staatlichen Ausgaben kommt. Ebenso wenig dürfte es bei Entschädigung und Altersentschädigung von Abgeordneten um »Dienst- und Versorgungsbezüge« gehen, über die ebenfalls kein Volksgesetzgebungsverfahren zulässig ist. Dieser Begriff bezieht sich auf den finanziellen Status von Beamten, bei dessen Festlegung das Parlament – anders als bei Diäten – nicht in eigener Sache entscheidet. Und zwischen dem Status von Beamten und dem von Abgeordneten macht das Verfassungsrecht mit Recht einen kategorialen Unterschied.[141] Ohnehin müssen die Ausschlusstatbestände in Fällen der vorliegenden Art restriktiv ausgelegt werden, um eine unkontrollierte Selbstentscheidung der Betroffenen möglichst zu vermeiden.[142]

Nach erfolgreichem Antragsverfahren legt der Senat den Gesetzentwurf dem Abgeordnetenhaus vor. Dieses kann das Volksbegehren dadurch verhindern, dass es das begehrte Gesetz unverändert annimmt.[143]

Sollte der Senat die Zulässigkeit verneinen, hat er den Antrag dem Verfassungsgerichtshof zur Entscheidung vorzulegen.[144]

Notfalls wäre auch an eine Verfassungsänderung zu denken, die die Ausnahmetatbestände entschärft. In jedem Fall könnten bereits die Darlegung der Auswirkungen des Diätengesetzes und das glaubwürdige Drohen mit einem Volksbegehren ihre Wirkung entfalten und dem Abgeordnetenhaus Beine machen.

Das Volksbegehren ist zustande gekommen, wenn 7 Prozent der Wahlberechtigten unterschreiben,[145] bei einer Verfassungsänderung müssen 20 Prozent zustimmen.[146] Hier können die Unterschriften wahlweise an Amtsstelle oder im Wege freier Sammlung zusammengebracht werden.[147] Nach erfolgreichem Volksbegehren kann das Abgeordnetenhaus einen eigenen Alternativgesetzentwurf zur gleichzeitigen Abstimmung stellen oder wiederum das Gesetz unverändert annehmen.[148] Der Volksentscheid kommt zustande, wenn eine Mehrheit der Teilnehmer, die mindestens ein Viertel der Wahlberechtigten umfasst, ihm zustimmt.[149] Bei Verfassungsänderungen müssen zwei Drittel zustimmen, die mindestens die Hälfte der Wahlberechtigten ausmachen.[150]

Möglich wäre es auch, das Volksgesetzgebungsverfahren auf einen Teil des neuen Abgeordnetengesetzes zu beschränken, etwa auf die ohnehin erst im Herbst 2021 voll relevant werdende Versorgung, oder das Inkrafttreten des Gesetzes nur teilweise auf die Zeit nach der nächsten Abgeordnetenhauswahl zu verschieben, etwa die rückwirkende Versorgung mit Übergangsgeld und Altersentschädigung. Ziel wäre dann, eine öffentliche Diskussion über den Sinn und Unsinn des Gesetzes zu entfachen und die Kandidaten dazu zu bringen, gegenüber den Wählern Verantwortung für das Gesetz beziehungsweise dessen Änderung zu übernehmen.

Ein gelungenes direktdemokratisches Verfahren in Berlin würde vielleicht auch anderen Parlamenten auf die Sprünge helfen.

10. Zusammenfassung

Am 26. September 2019 beschloss das Abgeordnetenhaus von Berlin auf Initiative von fünf Fraktionen (SPD, Grüne, Linke, CDU und FDP) ein neues Landesabgeordnetengesetz, das zum 1. Januar 2020 in Kraft getreten ist.

1. Eine Verkleinerung des durch Überhang- und Ausgleichsmandate auf 160 Mitglieder angeschwollenen Parlaments lehnte das Abgeordnetenhaus ab und nimmt damit auch für die Zukunft viele fragwürdige Mandate in Kauf. Die dafür gegebene Begründung täuscht die Öffentlichkeit, indem sie unzutreffende Vergleichsgrößen verwendet. In Wahrheit haben vollalimentierte Parlamente anderer Länder mit ähnlich großer Bevölkerung wie zum Beispiel Rheinland-Pfalz und Sachsen nur 101 beziehungsweise 119 Abgeordnete. Dort kommen also auf jede(n) Abgeordnete(n) deutlich mehr Einwohner als auf ein Mitglied des Berliner Abgeordnetenhauses, selbst dann, wenn dieses auf die in der Verfassung von Berlin genannten 130 Mitglieder verkleinert würde. Die Verfechter des Gesetzes werten die nötige Verkleinerung als »Verzwergung

des Parlaments« ab und muten der Öffentlichkeit die These zu, die Aufblähung des Parlaments bewirke eine Verbesserung des Parlamentarismus und stärke die Kontrolle der Regierung. Im krassen Widerspruch dazu hat ausgerechnet der Regierende Bürgermeister auch Sitz und Stimme im Abgeordnetenhaus.

2. Die Entschädigung der Abgeordneten wurde zum 1.1.2020 von 3 944 Euro auf 6 250 Euro, also um 58 Prozent, erhöht. Der Präsident des Abgeordnetenhauses, Ralf Wieland, der doppelte Entschädigung bezieht, bekommt sogar 4 612 Euro mehr: Statt 7 888 Euro erhält er seit dem 1.1.2020 12 500 Euro monatlich. Seine Stellvertreter bekommen 3 459 Euro mehr, insgesamt 9 709 Euro. Man fragt sich, wozu sie dann noch steuerfreie »Amtsaufwandsentschädigungen« benötigen, von denen ihre Kollegen in anderen Landesparlamenten nur träumen können.
Die Erhöhungen suchen die Verfechter des Gesetzes durch einen Vergleich mit den Diäten anderer Landesparlamente zu rechtfertigen, täuschen die Öffentlichkeit aber erneut, indem sie wiederum nachweisbar unrichtige Bezugsgrößen verwenden. Auch bleiben die besonderen Verhältnisse im Stadtstaat Berlin unberücksichtigt, die – anders als in Flächenstaaten – keine langen Fahrten zum Parlament und innerhalb des Landes verlangen.

3. Das Abgeordnetenhaus handelt nach der Devise »Wasch mir den Pelz, aber mach mich nicht nass«: Einerseits wird eine Vollalimentation der Abgeordneten eingeführt, andererseits aber sowohl die Übergröße als auch das Teilzeitparlament beibehalten, das Raum für einen bezahlten Privatberuf lässt. Dieses widersprüchliche Verhalten wird hinter dem Label »Hauptzeitparlament« versteckt, das dem Abgeordnetenhaus zur Rechtfertigung dieser Regelungen neu angeheftet wurde.

4. Die vorgesehene begrenzte Anhebung der Sitzungszeiten ist ein untauglicher Versuch, die Inkraftsetzung der Erhöhung mitten in der laufenden Wahlperiode (und nicht erst ab der folgenden) zu rechtfertigen. Dies stellt, wie schon ein geistiger Vater der ersten demokratischen Verfassung in den Vereinigten Staaten, James Madison, formuliert hatte, einen »unziemlichen Griff in die Staatskasse« und einen Missbrauch der Entscheidung in eigener Sache dar. Schließlich sind die Abgeordneten zu den bei ihrem Eintritt geltenden Bedingungen Parlamentarier geworden. Für die Gewinnung neuer Abgeordnetenschichten, die mit der Erhöhung angeblich beabsichtigt war, hätte auch ein Inkraftsetzen zu Beginn der nächsten Wahlperiode gereicht.

5. Bei dem Projekt wurde auch versäumt, das Abgeordnetengesetz und das ebenfalls tangierte Senatorengesetz

auf überholte Privilegien durchzusehen und diese abzuschaffen. So erhalten der Präsident und die Vizepräsidenten – im Gegensatz zum Bund und den meisten Ländern – bei ihrem Ausscheiden eine nicht zu rechtfertigende (und jetzt auch noch erhöhte) Zulage auf das Übergangsgeld. So können, um ein weiteres Beispiel zu nennen, ehemalige Senatoren, wie der frühere Bürgermeister und jetzige Abgeordnete Frank Henkel, der am 16. November 2019 56 Jahre alt geworden ist, doppelt profitieren: Sie erhalten die Senatorenpension bereits ab Alter 55, und neben der (jetzt noch erhöhten) Abgeordnetenentschädigung erhalten sie satte 50 Prozent davon. Im Bund gibt es die Ministerpension normalerweise erst ab 67, und dann wird sie – wegen des Verbots der Doppelalimentation – neben der Entschädigung zu 80 Prozent gestrichen.

6. Die Parlamentarischen Geschäftsführer der fünf Fraktionen bereiteten das Gesetz vor, vertraten es in den Debatten des Abgeordnetenhauses und unterschrieben den Gesetzesantrag zusammen mit ihren Vorsitzenden. Sie profitieren selbst mehrfach von den Erhöhungen und wussten – im Gegensatz vielleicht zu manchen Abgeordneten – genau, was sie da ins Werk setzten.

7. Mit der Erhöhung der Entschädigung steigt automatisch auch die Versorgung der Abgeordneten (Übergangsgeld sowie Alters-, Invaliditäts- und Hinterblie-

benenversorgung) um 58 Prozent, obwohl sie schon vorher anfechtbar war. Die Aufstockung erfolgt sogar rückwirkend. Denn nach dem neuen Abgeordnetengesetz wirkt sie auf den erstmaligen Eintritt des Abgeordneten ins Parlament zurück, mag dieser auch 20 Jahre zurückliegen. Die Folge ist, dass Abgeordnete, die schon länger im Abgeordnetenhaus sind und etwa nach Schluss der Wahlperiode im Jahre 2021 ausscheiden, einen unverdienten »goldenen Handschlag« erhalten: ein sechsstelliges Übergangsgeld und eine Pension, die mit einem Schlag eine halbe Million Euro mehr wert sein kann als vor der Gesetzesänderung.

8. Die Rückwirkung ist völlig unangemessen – schon deshalb weil das Mehr an Arbeitszeit, mit dem man die Aufstockung zu rechtfertigen versucht, erst in Zukunft zu leisten ist. Dieser schwere Mangel, der das Gesetz verfassungswidrig macht – die Verfassung erlaubt lediglich angemessene Diäten und erst recht keine missbräuchlichen Regelungen –, wurde der öffentlichen Aufmerksamkeit gezielt entzogen. Schlüssig begründet wurde die Rückwirkung schon gar nicht: weder im Gesetzentwurf, wo jede Begründung fehlt, noch in den Debatten im Abgeordnetenhaus, obwohl dessen Geschäftsordnung eine Begründung zwingend verlangt. Ihr Fehlen und die Verletzung der eigenen Geschäftsordnung und der Verfassung stellen bereits in sich einen Machtmissbrauch dar. Dafür trägt der

Präsident des Abgeordnetenhauses auch persönlich die Verantwortung: Er hätte den Gesetzentwurf laut Geschäftsordnung schon zu Beginn der Verhandlungen im Plenum prüfen und ihn bereits wegen seiner formalen Fehlerhaftigkeit beanstanden müssen. Auch hätte er das beschlossene Gesetz nicht ausfertigen, das heißt unterschreiben, und damit dessen Ordnungsmäßigkeit bestätigen dürfen.

9. Die Erhöhung der Entschädigung führt allein in der laufenden Wahlperiode zu einer Mehrbelastung des Haushalts in Höhe von 7,7 Millionen Euro. Zugleich hat der Beschluss vom 26. September 2019 den 160 Mitgliedern des Abgeordnetenhauses ein Mehr an künftigem Übergangsgeld von 3,7 Millionen Euro und an Alters-, Invaliditäts- und Hinterbliebenenversorgung von rund 40 Millionen Euro verschafft. Das ergibt zusammen ein Mehr von rund 51 Millionen, sodass die 160 Abgeordneten davon im Durchschnitt mit je 320 000 Euro profitieren.

10. Bei Entscheidungen, mit denen das Parlament sich selbst begünstigt, ist, wie auch das Bundesverfassungsgericht immer wieder hervorhebt, wirksame Kontrolle unerlässlich. Diese hat das Abgeordnetenhaus gezielt beseitigt. Die Kontrolle durch die Wähler wurde durch Inkraftsetzen der Erhöhung mitten in der Wahlperiode unterlaufen, obwohl das Bundesverfassungsgericht davon ausgeht, dass eine Statusände-

rung von Abgeordneten »nur zum Beginn einer neuen Legislaturperiode in Kraft gesetzt werden kann«. Auch die vom Gericht betonte Notwendigkeit einer wirksamen öffentlichen Kontrolle gerade bei Entscheidungen des Parlaments in eigener Sache wurde praktisch ausgehebelt: Durch das rechtswidrige Weglassen der Begründung des Gesetzentwurfs wurde es Außenstehenden praktisch unmöglich, in der kurzen zur Verfügung stehenden Zeit die Dollpunkte in dem komplizierten Gesetzentwurf zu erkennen. Von der »Einschaltung objektiven Sachverstandes«, die das Gericht ebenfalls angeregt hatte, konnte schon gar keine Rede sein. Wäre er eingeschaltet worden, wäre es vermutlich weder zu den groben Verfahrensfehlern noch zu den schweren inhaltlichen Mängeln gekommen.

Die Berliner Medien haben den Beschluss vom September 2019 zwar kritisiert, ohne aber – angesichts der Kürze der Zeit, der Kompliziertheit der Materie und der Fülle der nationalen und internationalen Probleme – die unzureichende oder ganz fehlende Begründung, die Inkraftsetzung mitten in der Wahlperiode, die gewaltige Anhebung der Versorgung samt Rückwirkung und die sonstigen weittragenden Auswirkungen der Neuregelung thematisieren zu können. Zu raffiniert hatten die Betreiber des Gesetzes die Öffentlichkeit getäuscht und auch sonst die Voraussetzungen für eine wirksame öffentliche Kontrolle beseitigt. Die bisher unterbelichteten Bereiche auszuleuchten ist Aufgabe des vorliegenden Buches.

Dazu einige konkrete Beispiele, die sich beliebig vermehren ließen:

1. Scheidet der Präsident des Abgeordnetenhauses, Ralf Wieland, in zwei Jahren mit 65 aus dem Abgeordnetenhaus aus, erhält er 18 Monate lang ein sinnwidriges »Übergangsgeld in den Ruhestand« von monatlich 12 500 Euro, insgesamt 225 000 Euro. Das Übergangsgeld ist eigentlich zur Vorbereitung auf einen neuen Beruf gedacht.
Da auch die Altersversorgung von Wieland um 58 Prozent aufgestockt wird und dies auf die Zeit seines Eintritts ins Abgeordnetenhaus vor 20 Jahren und auf die Zeit der erstmaligen Übernahme des Präsidentenamts vor 8 Jahren zurückwirkt, erhöht das Änderungsgesetz den Wert seiner Versorgungsanwartschaft mit einem Schlag um rund 450 000 Euro. Die Versorgung wird allerdings auf das Übergangsgeld angerechnet, sodass Wieland nach seinem Ausscheiden in den ersten anderthalb Jahren »nur« das Übergangsgeld von monatlich 12 500 Euro und danach »lebenslänglich« die ebenfalls kraft Rückwirkung erhöhte Altersentschädigung erhält. Ausgerechnet der Präsident, der für die Verhandlung des verfassungswidrigen Gesetzes im Abgeordnetenhaus und seine Inkraftsetzung auch persönlich verantwortlich ist, ist also einer seiner Hauptprofiteure.

2. Beim Regierenden Bürgermeister Michael Müller, der das Gesetz unterschrieben hat und – in Abweichung vom Gewaltenteilungsprinzip – neben seinem Regierungsamt zugleich Mitglied des Abgeordnetenhauses ist und deshalb ebenfalls von der Erhöhung profitiert, wächst der Wert seiner Ruhegeldanwartschaft aufgrund der Erhöhung sogar um 528 000 Euro.

3. Für die Fraktionsvorsitzenden der Linken, Udo Wolf und Carola Bluhm, kann der Vermögenszuwachs aufgrund der Rückwirkung 400 000 Euro beziehungsweise 475 000 Euro betragen. Für jeden der vier beispielhaft Genannten kommt der »Griff in die Staatskasse« einem Lottogewinn gleich.

4. Wie fast alle Abgeordneten der das Gesetz betreibenden fünf Fraktionen haben Wieland, Müller und Wolf – ausweislich der namentlichen Abstimmung – persönlich für das Gesetz gestimmt, und dass Bluhm bei der Schlussabstimmung nicht dabei war, kann sie schwerlich entlasten. Alle vier bescheren sich mit diesem »Griff in die Staatskasse« eine gewaltige Vermögensmehrung. Wer als Steuerzahler den Staat betrügt, wird bestraft und muss nachzahlen. Wer als Parlamentarier seine Befugnisse missbraucht, um sich zu bereichern, soll dagegen mit der »Beute« unbehelligt davonkommen?

Insgesamt sind das Beharren auf der Übergröße, der Erlass des neuen aberwitzigen Abgeordnetengesetzes, seine Inkraftsetzung mitten in der Wahlperiode – und das sogar mit Rückwirkung – nur dadurch zu erklären, dass die Abgeordneten selbst über ihre Bezüge entscheiden und die Kontrollen gezielt geschleift haben. Das Ganze ist, bei Lichte besehen, tatsächlich »ein Stück aus dem Politikverdrossenheit fördernden Tollhaus«. So nannte ausgerechnet die CDU die gewaltige Erhöhung der staatlichen Fraktionsfinanzierung, die das Abgeordnetenhaus sich bereits 2017 genehmigt hatte. Auf den Diätenbeschluss vom 26. September 2019 trifft diese Bezeichnung erst recht zu.

Wenn das Abgeordnetenhaus nicht selbst die Kraft zu einer Änderung seines Kurses findet, ist wirksame Abhilfe nur noch mittels direkter Demokratie möglich. Diese stellt die Verfassung von Berlin den Bürgern zur Verfügung und ermöglicht ihnen, mittels Gesetzesantrag, Volksbegehren und Volksentscheid die Entscheidung über das Wahlrecht und die Größe des Abgeordnetenhauses oder über die Bezahlung seiner Mitglieder und den Zeitpunkt des Inkrafttretens von Änderungen an sich zu ziehen.

Anhang

Tabelle 1: Einwohner pro Abgeordnete in den Ländern

Bundesland	**Abgeordnete im Landes-parlament**	**Bevölkerung**	**Einwohner pro Abgeordneter**
Nordrhein-Westfalen	199	17 932 651	90 119
Baden-Württemberg	143	11 069 533	77 409
Bayern	205	13 076 721	63 789
Niedersachsen	137	7 982 448	58 266
Hessen	137	6 265 809	45 736
Rheinland-Pfalz	101	4 084 844	40 444
Schleswig-Holstein	73	2 896 712	39 681
Sachsen	119	4 077 937	34 268
Brandenburg	88	2 511 917	28 545
Sachsen-Anhalt	87	2 208 321	25 383
Thüringen	90	2 143 145	23 813
Berlin	160	3 644 826	**22 780**
Mecklenburg-Vorpommern	71	1 609 675	22 671
Saarland	51	990 509	19 422
Hamburg	121	1 841 179	15 216
Bremen	84	682 986	8131

Stand: Abgeordnete: 1.12.2019; Bevölkerung: 31.12.2018.
Quellen: Landesparlamente, Statistisches Bundesamt, eigene Berechnungen.

Tabelle 2: Entschädigung der Abgeordneten in den Landesparlamenten

Bundesland	**Entschädigung in Euro**
Flächenstaaten	
Nordrhein-Westfalen	9 330
Schleswig-Holstein	8 661
Bayern	8 445
Brandenburg	8 388
Baden-Württemberg	8 210
Hessen	8 206
Niedersachsen	7 176
Sachsen-Anhalt	6 890
Rheinland-Pfalz	6 735
Mecklenburg-Vorpommern	6 095
Sachsen	5 944
Saarland	5 943
Thüringen	5 803
Stadtstaaten	
Berlin	**6 250**/3 944
Bremen	5 154
Hamburg	2 905

Stand: 1.7.2019; Berlin: 1.1.2020 und 1.7.2019.

In **Bremen**, **Nordrhein-Westfalen** und **Schleswig-Holstein** wird die Entschädigung überhöht ausgewiesen, denn in ihr ist die Kostenpauschale mitenthalten, die durch eine Erhöhung der Entschädigung ersetzt wurde.
In **Baden-Württemberg**, **Brandenburg, Bremen, Nordrhein-Westfalen** und **Schleswig-Holstein** wird die Entschädigung auch deshalb überhöht ausgewiesen, weil die Abgeordneten keine staatliche Altersversorgung erhalten. Diese wurde durch eine Erhöhung der Entschädigung ersetzt, in der also Teile der Finanzierung der Versorgung mitenthalten sind. Zusätzlich gibt es einen Beitrag zur Finanzierung der Alters- und Hinterbliebenenversorgung in Höhe von monatlich 1805 (BW), 1806 (Bra), 823 (HB), 2290 (NW) und 1875 (SH) Euro.

Tabelle 3: Statistische Lebenserwartung

Durchschnittliche Lebenserwartung in Abhängigkeit vom Alter und Geschlecht*		
Alter	Geschlecht	
	Männer	Frauen
40 Jahre	39,45	43,92
45 Jahre	34,73	39,09
50 Jahre	30,13	34,35
55 Jahre	25,73	29,74
60 Jahre	21,62	25,28
65 Jahre	17,80	21,00
70 Jahre	14,25	16,91
75 Jahre	10,93	13,03
80 Jahre	7,92	9,42

* Für den Zeitraum 2015/2017; nach der Methodik des Statistischen Bundesamts werden die Sterbetafeln für einen Dreijahresdurchschnitt berechnet.

Quelle: Gesundheitsberichterstattung des Bundes (http://www.gbe-bund.de)

Tabelle 4: Übergangsgeld

Mehr Übergangsgeld durch Erhöhung der Entschädigung* in Abhängigkeit von der Dauer der Mitgliedschaft im Berliner Abgeordnetenhaus	
Dauer der Mitgliedschaft zum Zeitpunkt des Ausscheidens	**Zusätzliches Übergangsgeld**
5 Jahre	2 306 × 5 = 11 530 Euro
10 Jahre	2 306 × 10 = 23 060 Euro
15 Jahre	2 306 × 15 = 34 590 Euro
18 und mehr Jahre	2 306 × 18 = 41 508 Euro

* Erhöhung der Entschädigung um 2306 Euro monatlich (Stand: 1.1.2020). Pro Jahr im Abgeordnetenhaus wird ein Monat Übergangsgeld gezahlt, maximal 18 Monate lang. Die Tabelle zeigt, um wie viel die Gesamtsumme des Übergangsgeldes aufgrund der Diätenerhöhung je nach Dauer des Mandats beim Ausscheiden steigt.

Tabelle 5: Wertsteigerung der Altersentschädigung

Die Wertsteigerung der Altersentschädigung aufgrund der Erhöhung der Entschädigung um 2 306 Euro in Abhängigkeit von der Dauer der Mitgliedschaft im Berliner Abgeordnetenhaus	
Dauer der Mitgliedschaft zum Zeitpunkt des Ausscheidens	**Wertsteigerung der Versorgung**
weniger als 9* Jahre	–
9* oder 10 Jahre	2 306 € × 0,35 × 12 × Lebenserw. 9 685,2 €
15* Jahre	2 306 € × 0,5 × 12 × Lebenserw. 13 836 €
20* Jahre oder mehr	2 306 € × 0,65 × 12 × Lebenserw. 17 986,8 €

* Genaugenommen: Jeweils ein halbes Jahr weniger.

Aufgrund der Erhöhung der Entschädigung um 2306 Euro monatlich (Stand: 1.1.2020) steigt auch die Bemessungsgrundlage für die Versorgung um diesen Betrag. Die Höhe der Versorgung richtet sich im Übrigen nach der Dauer der Mitgliedschaft im Abgeordnetenhaus. Die Mindestdauer beträgt 9 bzw. 8 ½ Jahre. Zum Beispiel beträgt bei 9- oder 10-jähriger Mitgliedschaft der Mehrwert 35 Prozent von 2306 Euro, pro Jahr also 9638,20 Euro. Multipliziert man mit der Lebenserwartung des/der Abgeordneten zur Zeit des Beginns der Zahlungen (Tab. 3), so ergibt sich der gesamte Mehrwert der Altersentschädigung, den die Erhöhung der Entschädigung für den oder die Abgeordnete(n) bewirkt. Die Zahlungen beginnen bei 9-jähriger Mitgliedschaft frühestens im Alter von 63 Jahren, bei 20-jähriger Mitgliedschaft im Alter von 57 Jahren.

Tabelle 6: Auswirkung der Rückwirkung auf die Altersentschädigung

Wertsteigerung, die die Altersentschädigung durch die Rückwirkung erfährt in Abhängigkeit vom Zeitpunkt des Ausscheidens und von der Dauer der Mitgliedschaft im Abgeordnetenhaus von Berlin				
Zeitpunkt des Ausscheidens	**Dauer des Mitgliedschaft zum Zeitpunkt des Ausscheidens**			
	weniger als 9 Jahre	**9 oder 10 Jahre**	**15 Jahre**	**20 Jahre**
2021	–	2 306 € × 0,35 × 2/9 × 12 × Lebenserw.	2 306 € × 0,44 × 12 × Lebenserw.	2 306 € × 0,59 × 12 × Lebenserw.
2026	–	2 306 € × 0,35 × 7/9 × 12 × Lebenserw.	2 306 € × 0,29 × 12 × Lebenserw.	2 306 € × 0,44 × 12 × Lebenserw.
2031	–	–	2 306 € × 1/5 × 12 × Lebenserw.	2 306 € × 0,29 × 12 × Lebenserw.
2036	–	–	–	2 306 × 0,14 × 12 × Lebenserw.

Die Tabelle zeigt die Mehrung des Vermögenswerts der Altersentschädigung eines/einer Abgeordneten, die durch die Rückwirkung bedingt ist, wenn der/die Abgeordnete mit dem Ende der laufenden Wahlperiode im Jahre 2021 ausscheidet (Zeile 1). Bleibt er noch 5, 10 oder 15 Jahre länger im Abgeordnetenhaus (2. – 4. Zeile), verringert sich der durch die Rückwirkung bedingte Teil der Vermögensmehrung entsprechend. *Rechengang:* Durch die Diätenerhöhung steigt die Entschädigung um 2306 Euro (Stand: 1.1.2020). Scheidet der/die Abgeordnete gegen Ende des Jahres 2021 nach 9 (genauer: 8 1/2) Jahren im Abgeordnetenhaus aus, erwirbt er/sie eine Anwartschaft auf Versorgung in Höhe von 35 Prozent der Entschädigung. Das 10. Jahr bringt keine Erhöhung. Von den 9 Jahren liegen aber nur etwa 7 Jahre vor dem Inkrafttreten der Erhöhung am 1.1.2020, sodass mit 7/9 multipliziert werden muss, um den rückwirkungsbedingten Teil zu erhalten, und mit 12, um den Jahresbetrag zu ermitteln. Das Ganze wird noch mit den Jahren der voraussichtlichen Lebenserwartung zur Zeit des Ausscheidens multipliziert, die sich nach dem dann erreichten Lebensalter richtet (Tab. 3). Ab dem 11. Jahr im Abgeordnetenhaus erhöht sich die Anwartschaft pro Jahr um 3 Prozent der Entschädigung, sodass der/die Abgeordnete nach 15 Jahren 50 Prozent hätte. Davon liegen aber nur etwa 13 Jahre vor dem Inkrafttreten, sodass mit einem Faktor von 0,44 zu rechnen ist. Entsprechend sind auch die anderen Alternativen zu berechnen.

Anlage 7: Namentliche Abstimmung vom 26.9.2019 über das neue Abgeordnetengesetz

Fraktion der SPD	
Becker, Franziska	ja
Böcker-Giannini, Dr. Nicola	ja
Buchholz, Daniel	ja
Buchner, Dennis	ja
Çağlar, Derya	ja
Czyborra, Dr. Ina	ja
Dörstelmann, Florian	ja
Domer, Bettina	ja
Düsterhöft, Lars	ja
Geisel, Andreas	ja
Halsch, Karin	ja
Heinemann, Sven	ja
Hochgrebe, Christian	ja
Hofer, Torsten	ja
Isenberg, Thomas	ja
Jahnke, Frank	ja
Kalayci, Dilek	ja
Kitschun, Dr. Susanne	ja
König, Bettina	ja
Kohlmeier, Sven	ja
Kollatz, Dr. Matthias	ja
Kühnemann-Grunow, Melanie	–
Kugler, Andreas	ja
Langenbrinck, Joschka	ja
Lasić, Dr. Maja	ja
Müller, Michael	ja
Radziwill, Ülker	ja
Saleh, Raed	ja
Schaddach, Robert	ja
Schneider, Torsten	ja
Schopf, Tino	ja
Schreiber, Tom	ja
Spranger, Iris	ja
Stroedter, Jörg	ja
West, Dr. Clara	ja
Wieland, Ralf	ja
Wildenhein-Lauterbach, Bruni	ja
Zimmermann, Frank	ja
Fraktion der CDU	
Czaja, Mario	ja
Demirbüken-Wegner, Emine	–
Dietmann, Michael	ja
Dregger, Burkard	ja
Evers, Stefan	ja
Freymark, Danny	ja
Friederici, Oliver	ja
Goiny, Christian	ja
Gräff, Christian	ja
Graf, Florian	ja
Grasse, Adrian	ja
Hausmann, Dr. Hans-Christian	ja
Henkel, Frank	–
Juhnke, Dr. Robbin	ja
Jupe, Claudio	–
Klaer, Markus	ja
Lenz, Stephan	ja
Melzer, Heiko	ja
Penn, Maik	ja
Rissmann, Sven	ja
Schmidt, Stephan	ja
Schultze-Berndt, Jürn Jakob	ja
Seibeld, Cornelia	ja
Simon, Roman	ja
Standfuß, Stephan	ja
Statzkowski, Andreas	ja
Stettner, Dirk	ja
Trapp, Peter	ja
Vogel, Katrin	ja
Wansner, Kurt	ja
Zeelen, Tim-Christopher	ja
Fraktion Die Linke	
Albers, Dr. Wolfgang	ja
Bertram, Philipp	ja
Bluhm, Carola	–
Brychcy, Franziska	–
Efler, Dr. Michael	ja
Fuchs, Stefanie	ja
Gennburg, Katalin	–
Gindra, Harald	–
Gottwald, Gabriele	–
Helm, Anne	ja
Kittler, Regina	ja
Klein, Hendrikje	–
Nelken, Dr. Michail	–
Platta, Marion	ja

Ronneburg, Kristian	ja
Schatz, Carsten	ja
Schlüsselburg, Sebastian	ja
Schmidt, Ines	ja
Schmidt, Dr. Manuela	ja
Schrader, Niklas	ja
Schubert, Katina	ja
Schulze, Tobias	ja
Seidel, Katrin	ja
Taş, Hakan	ja
Wolf, Harald	ja
Wolf, Udo	ja
Zillich, Steffen	ja

Fraktion Bündnis 90/Die Grünen

Altug, Dr. Turgut	ja
Bangert, Sabine	ja
Billig, Daniela	ja
Burkert-Eulitz, Marianne	ja
Gebel, Silke	ja
Jarasch, Bettina	ja
Kahlefeld, Dr. Susanna	ja
Kapek, Antje	ja
Kössler, Georg	ja
Kofbinger, Anja	ja
Ludwig, Nicole	ja
Lux, Benedikt	ja
Moritz, Harald	nein
Otto, Andreas	ja
Pieroth-Manelli, Catherina	ja
Plonske, Eva Marie	nein
Pop, Ramona	ja
Remlinger, Stefanie	ja
Schmidberger, Katrin	ja
Schweikhardt, Notker	ja
Taschner, Dr. Stefan	nein
Tomiak, June	ja
Topaç, Fadime	ja
Vandrey, Dr. Petra	ja
Walter, Sebastian	ja
Wesener, Daniel	ja
Ziller, Stefan	ja

AfD-Fraktion

Auricht, Jeanette	nein
Bachmann, Hanno	nein
Berg, Dr. Hans-Joachim	nein
Brinker, Dr. Kristin	nein
Bronson, Dr. Hugh	nein
Buchholz, Christian	nein
Gläser, Ronald	nein
Hansel, Frank-Christian	nein
Kerker, Franz	nein
Laatsch, Harald	nein
Lindemann, Gunnar	nein
Mohr, Herbert	nein
Neuendorf, Dr. Dieter	nein
Pazderski, Georg	nein
Scheermesser, Frank	nein
Scholtysek, Frank	nein
Tabor, Tommy	nein
Trefzer, Martin	nein
Ubbelohde, Carsten	nein
Vallendar, Marc	nein
Weiß, Thorsten	–
Woldeit, Karsten	nein

FDP

Czaja, Sebastian	ja
Förster, Stefan	ja
Fresdorf, Paul	ja
Jasper-Winter, Dr. Maren	ja
Kluckert, Florian	ja
Krestel, Holger	ja
Luthe, Marcel	ja
Meister, Sibylle	ja
Schlömer, Bernd	ja
Schmidt, Henner	ja
Seerig, Thomas	ja
Swyter, Florian	ja

fraktionslos

Bießmann, Jessica	nein
Nerstheimer, Kay	nein
Wild, Andreas	nein

Anmerkungen

1 Sehr herzlich danke ich Prof. Dr. Christian Pestalozza (Freie Universität Berlin) und Versicherungsmathematiker Dr. Ulrich Matthias (Wiesbaden) für die kritische Durchsicht von Teilen des Textes und Diplom-Volkswirt Andrei Kiraly für die Hilfe bei der Materialrecherche. Die Verantwortung für alle möglicherweise verbliebenen Mängel trägt allein der Verfasser. – Eine Kurzfassung des Textes erscheint auch in der rechtswissenschaftlichen Fachzeitschrift *Deutsches Verwaltungsblatt*.

2 Beschluss aller Fraktionen außer der AfD vom 26. September 2019, Abgeordnetenhaus von Berlin, Plenarprotokoll 18/47, S. 5651.

3 Genau: um 58,47 Prozent.

4 Gesetz über die Rechtsverhältnisse der Mitglieder des Abgeordnetenhauses von Berlin (Landesabgeordnetengesetz – LAbgG) vom 9. Oktober 2019, GVBl. S. 674. Im Folgenden kurz: AbgG.

5 § 39a Abs. 2 AbgG. Die Vorschrift, deren gewichtiger Inhalt sich allerdings erst bei genauem Lesen – unter Einbeziehung auch der hier genannten Paragrafen – erschließt, lautet: »Bei einer Mitgliedschaft im Abgeordnetenhaus zur Zeit der Beschlussfassung dieses Gesetzes findet hinsichtlich aller Anwartschaften und Ansprüche auf Versorgung seit Beginn der jeweiligen Mitgliedschaft der § 12 in Verbindung mit § 6 Absatz 1 dieses Gesetzes Anwendung.«

6 Siehe z. B. Parlamentarischer Geschäftsführer der SPD-Fraktion Torsten Schneider, Plenarprotokoll 18/46 vom 12.9.2019, S. 5474 f.

7 Art. 38 Abs. 2 Verfassung von Berlin [VvB].

8 FAZ vom 10. Oktober 2019, S. 7.

9 Statt vieler FAZ vom 20.11.2019, S. 1: »Vertrauen der Deutschen in das politische System deutlich gesunken«.

10 Im Folgenden wird die männliche Form verwendet; die weibliche ist stets mitgemeint.

11 Torsten Schneider, Plenarprotokoll 18/46 vom 12.9.2019, S. 5474 (5475).

12 Daniel Wesener, Plenarprotokoll 18/46 vom 12.9.2019, S. 5485.

13 So Torsten Schneider, Plenarprotokoll 18/47, S. 5644: »Hier haben sich fünf Fraktionen monatelang mit 16 Landesparlamentsgesetzen […] befasst.« Ebenso Heiko Melzer (CDU), S. 5644: »Deswegen haben wir das Abgeordnetenhaus in Berlin mit allen anderen Landtagen in der Bundesrepublik verglichen.« Paul Fresdorf, Parlamentarischer Geschäftsführer der FDP-Fraktion, Plenarprotokoll 18/46, S. 5487: »… jedes einzelne Parlament dieses Landes angeschaut …«

14 So der Parlamentarische Geschäftsführer der CDU-Fraktion, Heiko Melzer, Abgeordnetenhaus von Berlin, Plenarprotokoll 18/47, S. 5644 f. (5645).

15 So der Parlamentarische Geschäftsführer der FDP-Fraktion, Paul Fresdorf, Plenarprotokoll 18/47, S. 5648 (5649).

16 BVerfGE 40, 296 (327); 85, 264 (291 f.).

17 Dazu Kapitel 2, S. 23 f.

18 Dazu unten Kapitel 9.

19 Schlussbericht der Enquete-Kommission »Verfassungs- und Parlamentsreform« vom 18.5.1994, Drs. 12/4376, S. 9. Die Kommission sollte nach Schaffung des Gesamtberliner Abgeordnetenhauses »unter Beachtung neuerer verfassungspolitischer und verfassungsrechtlicher Erkenntnisse Empfehlungen zur Überarbeitung der Verfassung von Berlin und zur Parlamentsreform« unterbreiten (S. 4).

20 Siehe den inzwischen aufgehobenen früheren § 22 Abs. 4 AbgG (dazu Pfennig/Neumann, Verfassung von Berlin, 3. Aufl., 2000, Art. 53, Rn 4). Eine solche »Einschaltung objektiven Sachverstandes« hatte auch das Bundesverfassungsgericht bei Entscheidungen in eigener Sache nahegelegt: BVerfGE 85, 264 (291 f.).

21 § 7 Abs. 2 Landeswahlgesetz.

22 Plenarprotokoll 18/47 vom 26. September 2019, Anlage 1, S. 5666 f.

23 § 39 Abs. 1 Satz 1 und 2 der Geschäftsordnung in der (übereinstimmenden) früheren und neuen Fassung: »Anträge ... müssen schriftlich eingebracht und begründet werden. Sie werden in der Sitzung des Abgeordnetenhauses nicht mündlich begründet, es sei denn, ... es handelt sich um ... einen Gesetzesantrag.« § 91 GO alter und neuer Fassung: »Eine Abweichung von den Vorschriften der Geschäftsordnung ist im Einzelfall durch Beschluss des Abgeordnetenhauses nur zulässig, wenn kein Widerspruch erfolgt.« Ein derartiger Beschluss lag nicht vor, und ein entsprechender Antrag wäre sicher auch auf Widerspruch gestoßen. – Gleichzeitig mit dem Abgeordnetengesetz hatte das Abgeordnetenhaus mit Beschluss vom 26. September 2019 (Plenarprotokoll 18/47, S. 5651) auch seine Geschäftsordnung geändert (siehe GVBl. S. 709), wobei § 39 aber unverändert blieb.

24 von Arnim/Drysch, Bonner Kommentar, Art. 48 GG (Aktualisierung Juli 2019), Rn 171.

25 von Arnim, DÖV 1984, 85 (86).

26 BVerfGE 40, 296 (297).

27 Michaelis-Merzbach, in: Driehaus (Hrsg.), Verfassung von Berlin, 3. Aufl., 2009, Art. 59, Rn 6; Abgeordnetenhaus von Berlin, Drs. 12/4376, S. 21.

28 § 14 Abs. 4 Satz 1 und 2 GO alter und neuer Fassung: »Der Präsident prüft die förmlichen Voraussetzungen der für das Abgeordnetenhaus bestimmten Vorlagen, Anträge und Anfragen. Er führt den damit verbundenen Schriftwechsel.«

29 Torsten Schneider, Plenarprotokoll 18/46, S. 5475. Ebenso der Parlamentarische Geschäftsführer der Fraktion Bündnis 90/Die Grünen, Daniel Wesener, Plenarprotokoll 18/46, S. 5485: Wir haben »peinlich genau darauf geachtet [...], dass wir bei der Höhe der Diät auch nach der Reform deutlich unterhalb des Länderdurchschnitts bleiben.« Siehe auch Steffen Zillich, Parlamentarischer Geschäftsführer der Fraktion Die Linke, Plenarprotokoll 18/47, S. 5646: »Wir bleiben hier unter dem Durchschnitt der Landesparlamente« sowie Heiko Melzer, Parlamentarischer Geschäftsführer der CDU-Fraktion, Plenarprotokoll 18/47, S. 5645: »... unter dem Durchschnitt der Landesparlamente zu bleiben«.

30 Dabei wurden annäherungsweise für Bremen 3 500, für Brandenburg 6 000 und für Schleswig-Holstein 5 500 Euro angesetzt. Zusammen mit den Entschädigungen von Hamburg, Sachsen und Rheinland-Pfalz ergab sich ein Durchschnittswert von 5 173 Euro. – In Schleswig-Holstein enthält die angehobene Entschädigung auch noch den Ersatz für die weggefallene Kostenpauschale. Deshalb war die Entschädigung mit Gesetz zur Änderung des Schleswig-Holsteinischen Abgeordnetengesetzes vom 20.6.2006 (GVOBl. Schleswig-Holstein, S. 128) von 3 915,98 Euro auf damals 6 681,64 Euro angehoben worden. Siehe auch von Arnim/Drysch, Art. 48 GG im Bonner Kommentar (Juli 2019), Rn 107, 253 – 255.

31 von Arnim, Die Hebel der Macht und wer sie bedient, 2017, S. 53 f. Dort wird das damalige bayerische Gesetzgebungsverfahren im Einzelnen dargestellt.

32 von Arnim, Die Hebel der Macht, S. 59.

33 von Arnim, Selbstbedienung in Südwest-Manier, 2017, S. 56-61.

34 Wesener, Plenarprotokoll 18/47, S. 5650.

35 Fresdorf, Plenarprotokoll 18/47, S. 5648 f.

36 BVerfGE 40, 296 (329).

37 Siehe den Sitzungsplan für Plenartermine des Abgeordnetenhauses in 2020: https://www.parlament-berlin.de/de/Aktuelles-und-Presse/Landespressedienst/Plenartermine (aufgerufen am 20.12.2019).

38 § 56 Abs. 3 GO n.F.

39 § 26 Abs. 5 GO n.F.

40 So der Parlamentarische Geschäftsführer der FDP-Fraktion, Paul Fresdorf, Plenarprotokoll 18/46, S. 5487: »Ab dem Jahr 2021, so haben wir uns verständigt, werden wir noch zwei weitere Sitzungstermine hinzunehmen.« Siehe auch Berliner Zeitung vom 26.9.2019.

41 So Martin Trefzer (AfD), Plenarprotokoll 18/46 vom 12.9.2019, S. 5475 f., 5486.

42 § 7 Abs. 3 AbgG.

43 Bund der Steuerzahler Berlin, Landesbeilage Berlin, Dezember 2018, S. 2 (3).

44 So der Parlamentarische Geschäftsführer der SPD-Fraktion, Plenarprotokoll 18/46, S. 5474: »Die Diätenhöhe ist jedenfalls selbst bei denen nicht strittig.« Siehe auch S. 5477.

45 Heiko Melzer, Plenarprotokoll 18/46 vom 12.9.2019, S. 5478: »Das Berliner Abgeordnetenhaus bleibt trotz mehr Sitzungszeit rechtlich ein Teilzeitparlament.«

46 Siehe auch § 26a Satz 2 AbgG.

47 § 26a AbgG lautet: »Die Ausübung des Mandats steht im Mittelpunkt der Tätigkeit eines Mitglieds des Abgeordnetenhauses. Unbeschadet dieser Verpflichtung bleiben Tätigkeiten beruflicher oder anderer Art neben dem Mandat grundsätzlich zulässig.«

48 Nur Carola Bluhm war bei der Beschlussfassung offenbar abwesend.

49 Siehe z. B. Fresdorf, Plenarprotokoll 18/46, S. 5487; Wesener, Plenarprotokoll 18/47, S. 5649.

50 Der Parlamentarische Geschäftsführer der FDP Paul Fresdorf ist allerdings nicht Mitglied des Hauptausschusses.

51 Horst Sendler, DÖV 1996, S. 1012: Das Parlament befindet sich »in der letztlich angenehmen, wenn auch zwiespältigen Lage […], in eigener Sache entscheiden zu können. […] Es ist halt eine alte Erfahrung, dass, wer das Kreuz hat, sich gern selber segnet.«

52 Schlussbericht der Enquete-Kommission, Drs. 12/4376, S. 10. Abs. 1 des vorgeschlagenen neuen Artikels lautete: »Erhebt sich der dringende Verdacht, dass ein Abgeordneter seine Stellung als solcher um finanzieller Vorteile willen missbraucht, so kann das Abgeordnetenhaus bei dem Verfassungsgerichtshof ein Verfahren mit dem Ziel beantragen, ihm sein Mandat abzuerkennen.«
53 § 6 Abs. 2 AbgG.
54 § 10 Abs. 1 AbgG.
55 Empfehlungen der Unabhängigen Sachverständigenkommission zu Fragen der Abgeordnetenentschädigung (Benda-Kommission), Schleswig-Holsteinischer Landtag, Drucksache 15/1500 vom 19.12.2001, S. 26 f.: »Das Übergangsgeld trägt dem Umstand Rechnung, dass die Abgeordneten eine gewisse Zeit brauchen, sich von der parlamentarischen Tätigkeit auf eine neue berufliche Tätigkeit umzustellen« und »sich innerhalb einer angemessenen Zeit neue berufliche Perspektiven zu erschließen«. Siehe auch von Arnim/Drysch, Rn 241.
56 § 16 Abs. 2 AbgG SH.
57 § 10 Abs. 1 in Verbindung mit § 6 Abs. 1 und 2 AbgG.
58 § 16 Abs. 1 in Verbindung mit § 6 Abs. 2 AbgG SH.
59 von Arnim/Drysch, Rn 249.
60 Genauer: nach achteinhalb Jahren. Die Verkürzung um ein halbes Jahr gilt auch bei anderen Fristen (§ 23 Abs. 7 AbgG).
61 §§ 11 und 12 AbgG.
62 Enquete-Kommission »Verfassung- und Parlamentsreform«, Abgeordnetenhaus von Berlin, Drs. 12/4376, S. 9: »Die Kommission war sich einig, dass die Altersversorgung der Abgeordneten nach dem Prinzip ›Mandatsbedingte Lücken‹ bzw. ›Ausfallzeiten‹ der Altersversorgung zu gestalten sei.«
63 § 17 Abs. 2 SenG.
64 § 15 Abs. 3 BMinG.
65 Gesetz vom 23.10.2008, BGBl. I S. 2018.
66 BT-Drs. 16/5052.
67 Siehe schon von Arnim, Die Privilegien von Landespolitikern, Zeitschrift für Rechtspolitik 2010, S. 56; von Arnim/Drysch, Bonner Kommentar, Art. 48 GG, Rn 260-271.
68 FAZ vom 22.10.2019, S. 1 und 16 (»Steigt der Rentenbeitrag auf 31 Prozent?«).
69 § 29 Abs. 2 AbgG Bund.
70 § 21 Abs. 2 AbgG.
71 Art. 3 Abs. 1 VvB.
72 Roman Herzog, in: Maunz/Dürig, Grundgesetz Kommentar, Art. 20 V Rn. 16.
73 Art. 39 Hamburger Verfassung; Art. 108 Bremer Verfassung.
74 Enquete-Kommission, Drs. 12/4376, S. 8. Die Kommission schlug vor, folgende Vorschrift in die Verfassung von Berlin einzufügen: »Die gleichzeitige Mitgliedschaft im Abgeordnetenhaus und im Senat ist unzulässig.«
75 § 27 AbgG in Verbindung mit § 26 Landeswahlgesetz.
76 Zu der gleichfalls anfechtbaren Lage im Bund siehe von Arnim/Drysch, Art. 48 GG, Rn 287 ff.
77 § 14 Abs. 2 Satz 1 AbgG Ns.
78 § 21 Abs. 1 Satz AbgG SL.
79 Siehe von Arnim/Drysch, Bonner Kommentar (Aktualisierung Juli 2019), Art. 48 GG, Rn. 296.
80 BVerfGE 102, 224 (242 ff.).

81 Urteil vom 30.9.2013 (BeckRS 56425, Leitsatz 4); von Arnim/Drysch, Bonner Kommentar, Art. 48 GG, Rn 96 und 231.

82 Siehe auch BVerfGE 118, 277 (329); 119, 302 (309). Siehe auch Benda-Kommission, S. 40: »Der Vorschlag, auch den Parlamentarischen Geschäftsführern der Fraktionen eine Funktionszulage zu gewähren, ist nach Überzeugung der Kommission nur dann mit den vom Bundesverfassungsgericht in seiner Entscheidung vom 21. Juli 2000 aufgestellten Grundsätzen vereinbar, wenn neben dem Parlamentspräsidenten, den Fraktionsvorsitzenden und den Parlamentarischen Geschäftsführern keine weiteren Abgeordneten Funktionszulagen erhalten.«

83 Z. B. Hamburgisches Verfassungsgericht, Urteil vom 11.7.1997, NJW 1998, 1054: Funktionszulagen für die Sprecher von Gruppen und für stellvertretende Fraktionsvorsitzende.

84 von Arnim, der Verfassungsbruch, 2011, S. 49 ff.

85 § 6 Abs. 6 AbgG SH.

86 § 33a Abs. 3 Nr. 2 Buchst. a AbgG Ns.

87 § 8 Abs. 11 und 12 FraktG.

88 Drucksache 18/2234 vom 8.10.2019.

89 Zur Abwesenheit von Carola Bluhm siehe oben Fußnote 48.

90 § 39a Abs. 2 AbgG. Für den Wortlaut siehe Anmerkung 5.

91 § 39a Abs. 2 AbgG.

92 Unter »Anwartschaft« versteht man die rechtlich gesicherte Erwerbsaussicht auf ein Recht, dessen Voraussetzungen noch nicht voll erfüllt sind, z. B. weil der Abgeordnete noch nicht aus dem Parlament ausgeschieden ist oder das erforderliche Mindestalter noch nicht erreicht hat.

93 Wesener, Plenarprotokoll 18/46, S. 5486: »Wir verändern nichts an der Systematik bei der Altersversorgung.«

94 § 39a Abs. 1 AbgG.

95 Siehe § 31 Abs. 2 und 3 des Abgeordnetengesetzes Nordrhein-Westfalen vom 5.4. 2005, Gesetz- und Verordnungsblatt für das Land Nordrhein-Westfalen, S. 252.

96 Siehe § 49 Abs. 4 des Gesetzes zur Änderung des Schleswig-Holsteinischen Abgeordnetengesetzes vom 20.6.2006, Gesetz und Verordnungsblatt für Schleswig-Holstein 2006, S. 128.

97 Art. 53 VvB: »Die Abgeordneten erhalten eine angemessene Entschädigung. Alles Nähere wird durch Gesetz geregelt.«

98 *von Arnim/Drysch*, Bonner Kommentar, Art. 48 GG (Aktualisierung Juli 2019), Rn 196 f.: Die Vorschrift bildet eine Unter- und Obergrenze.

99 Bejahend Michaelis-Merzbach, in: Driehaus (Hrsg.), Verfassung von Berlin, 3. Aufl., 2009, Art. 60, Rn 2. Magen, in Pfennig/Neumann (Hrsg.), Verfassung von Berlin, 3. Aufl. 2000, Art. 60, Rn 2: »Fraglich«.

100 Siehe zum Beispiel Wahlprogramm der LINKEN: »Sozial. Gerecht. Frieden. Für alle.«, S. 22: »Wir wollen eine Erwerbstätigenversicherung: Für alle Erwerbseinkommen müssen Beiträge in die gesetzliche Rentenversicherung gezahlt werden. Auch Politikerinnen und Politiker […] sollen Beiträge in die gesetzliche Rentenversicherung einzahlen. Bereits erworbene Ansprüche werden erhalten bzw. überführt.« – »Die Grünen wollen eine Bürgerversicherung. In einem ersten Schritt sollen deshalb auch Selbstständige, Minijobber und Abgeordnete in die gesetzliche Rentenversicherung einzahlen.« (Siehe https://www.mdr.de/nachrichten/politik/wahlen/bundestagswahl-2017/bundestagswahl-wahlprogramme-im-vergleich-100.html#Soziales [abgerufen am 1.1.2020].)

101 § 15 Abs. 1 AbgG.
102 So zum Beispiel Steffen Zillich, Plenarprotokoll 18/47, S. 5645 (5646): »Darüber hinaus öffnen wir die Altersvorsorge für die gesetzliche Rentenversicherung.«
103 § 14 Abs. 4 GO.
104 Art. 59 Abs. 5 der Verfassung von Berlin.
105 § 7 Abs. 4 in Verbindung mit Abs. 2 Satz 1 AbgG. Vizepräsidenten erhalten zusätzlich eine »Amtsaufwandsentschädigung« in halber Höhe.
106 von Arnim/Drysch, Bonner Kommentar, Art. 48 GG, Tab. 6, S. 139.
107 § 10 Abs. 1 in Verbindung mit § 6 Abs. 1 und 2 AbgG.
108 § 39a Abs. 2 AbgG.
109 § 11 AbgG.
110 § 12 AbgG.
111 § 12 Satz 3 AbgG.
112 § 21 Abs. 4 AbgG.
113 § 26a AbgG.
114 § 11 AbgG.
115 § 21 Abs. 4 AbgG.
116 Beschluss der Fraktionsversammlung vom 17.3.2019.
117 § 11 SenG.
118 § 29 Abs. 2 AbgG Bund.
119 Abgeordnetenhaus Berlin, 18. Wahlperiode, Inhaltsprotokoll der 65. Sitzung des Hauptausschusses, S. 16 – 18.
120 Antrag der Fraktion der SPD, der Fraktion Die Linke und der Fraktion Bündnis 90/Die Grünen: Gesetz zur Änderung des Gesetzes über die Rechtsverhältnisse der Mitglieder des Abgeordnetenhauses von Berlin und des Gesetzes über die Rechtsstellung der Fraktionen des Abgeordnetenhauses von Berlin, Drucksache 18/0211 vom 14.3.2017.
121 So auch Heiko Melzer (CDU), Plenarprotokoll 18/9, S. 795.
122 So der Parlamentarische Geschäftsführer der SPD, Torsten Schneider, Plenarprotokoll 18/9, S. 795; Steffen Zillich (Die Linke), S. 796, sowie der Parlamentarische Geschäftsführer von Bündnis 90/Die Grünen, Daniel Wesener, S. 798.
123 Änderungsantrag der Fraktion der CDU, Drucksache 18/0211-1 vom 6.4.2017, S. 2.
124 Hier zitiert nach Annette Fischer, Abgeordnetendiäten und staatliche Fraktionsfinanzierung in den fünf neuen Bundesländern, 1995, S. 234. Siehe auch Leo Wieland, Mit Madison wider die Selbstbedienung der Diätenerhöhung, Frankfurter Allgemeine Zeitung vom 22.5.1992.
125 Wieland, FAZ vom 22.5.1992.
126 Julius Hatschek, Das Parlamentsrecht des Deutschen Reiches, 1. Teil, 1915, S. 627.
127 Hatschek, S. 627 f.
128 BVerfGE 40, 296 (329).
129 BVerfGE 40, 296 (327).
130 BVerfGE 85, 264 (290 f.).
131 BVerfGE 120, 82 (105, 113 f.).
132 Schlussbericht der Enquete-Kommission »Verfassungs- und Parlamentsreform«, Abgeordnetenhaus von Berlin, Drs. 12/4376, S. 9.
133 BVerfGE 40, 296 (327).
134 So die Argumentation z. B. von Daniel Wesener, Plenarprotokoll 18/9, S. 798. Siehe auch Wesener, Plenarprotokoll 18/47, S. 5649: Die von den fünf Frak-

tionen vereinbarte Änderung des Abgeordnetengesetzes sei geeignet, »von den Verächtern der parlamentarischen und Parteiendemokratie populistisch verbrämt zu werden. Wir erleben es ja gerade hier.«

135 Das Voltaire zugeschriebene Wort lautet: »Mein Gott, bewahre mich vor meinen Freunden, mit meinen Feinden werde ich allein fertig.« https://www.aphorismen.de/zitat/10785 (aufgerufen am 11.12.2019). Ich habe das Wort etwas geändert, weil ich weder die Abgeordneten der AfD als meine Freunde noch die der anderen Fraktionen als meine Feinde betrachte.

136 BVerfGE 40, 296 (327).

137 BVerfGE 68, 1 (86). Siehe auch schon BVerfGE 49, 89 (139 f.). Ebenso BVerfGE 95, 1 (15); 98, 218 (251 f.).

138 § 15 Abs. 2 Satz 2 AbstG.

139 § 15 Abs. 2 Satz 1 Gesetz über Volksinitiative, Volksbegehren und Volksentscheid (Abstimmungsgesetz – AbstG).

140 Art. 62 Abs. 2 VvB.

141 Näheres bei von Arnim, Die Hebel der Macht, 2017, S. 334.

142 von Arnim, Die Hebel der Macht, 2017, S. 333-335.

143 Art. 62 Abs. 3 VvB.

144 § 17 Abs. 6 AbstG.

145 Art. 63 Abs. 1 Satz 2 VvB.

146 Art. 63 Abs. 2 Satz 2 VvB.

147 § 22 AbstG.

148 Art. 62 Abs. 4 Satz 3 und 4 VvB.

149 Art. 63 Abs. 1 Satz 3 VvB.

150 Art. 63 Abs. 2 Satz 3 VvB.